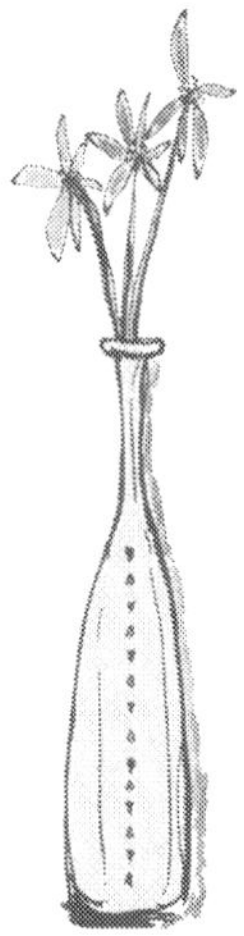

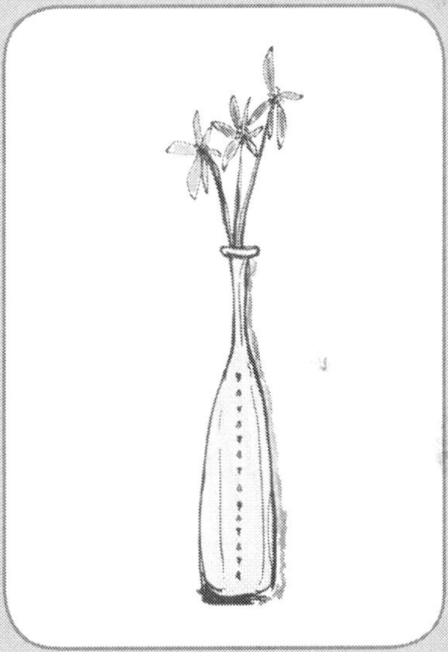

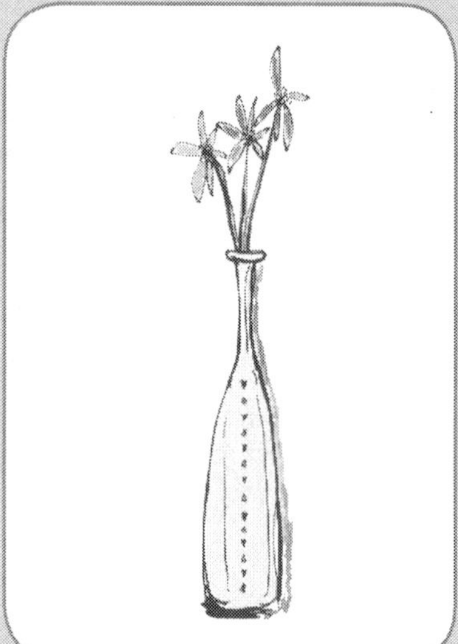

人能有完成其一己之勇，即有其方向；有其方向，即有其境界。
於此，止於至善即是一大方向，即是一大境界，
即是安住於無限與永恆，即是此心悄然，
亦即是茫無皈依之消失，更即是性情的透露。

大學講義

程兆熊 著

鵝湖書院叢書總序

我初到鵝湖時，曾有詩抒寫一己之觀感，名「初到鵝湖」。其一爲：

「省識風塵萬里吟，回頭自是白雲深；當年一次鵝湖會，此月還留天地心；
應任予懷山與水，不須他想古猶今；眼前光景如何似？喜見桃花李樹林。」

其二爲：

「等閒覓得新天地，便自逍遙天地中；此水已非前水在，他山更映後山紅。
拈來花草留窗下，攜得孩兒過水東；祇是鵝湖欣作主，嬉嬉終不似孩童。」

在鵝湖，東晉時有一姓龔的隱士養了許多鵝。在唐時，有馬祖的大弟子名大義禪師，成了一個大叢林，名峰頂寺。在南宋時，有朱子，陸象山，陸子壽，呂祖謙四先生聚會講學，後來成了一個鵝湖書院，那是天下四大書院之一。到清末民初時，地方人士更從而創辦了鵝湖師範學校和信江中學堂，家父小時，就在那裡讀書。我初到鵝湖之二詩，是成於民國三十四年六月五日。那時抗日戰爭纔結束，我就由地方人士請去辦信江農專，信江農學院，並附設青年軍屯墾訓練班，還計劃辦信江大學。只不過一到三十八年四月四日，我就離了鵝湖，不久又來了臺灣，在臺灣臺北，我偶然和同學沈珠嫣，陳冠州，張清標，劉儷，蔡龍銘等，到了一個翠谷，獲一勝境，頗似鵝湖，因即塡一詞，調名江城子。詞爲：

「由來地久與天長，路漫漫，雲飛揚。翠谷深深，難得是清閒。到此應知無限好，纔放下，即清涼。」

「眼前溪水正潺潺，兩山間，一山莊。境似鵝湖，只不見冰霜！試問一心何所繫？炎夏日，水雲鄉。」

我在以前的鵝湖書院裡，辦了學校，栽種了不少的桃李梨橘，又寫了一些文章，也印了一些書，這都符合著一個書院。但自三十八年四月四日離了鵝湖以後，近四十年來，更在臺灣山地首先栽種著桃梨以至於蘋果，又在臺中農學院寫了不少文章，也在香港新亞書院及臺大，文大等校，印了不少的書，但總是不見了一個書院。因思鵝湖書院雖已遠離，但對一己所居之處與所藏之境，即復名之爲書院；而以所印之書，亦名之爲書院叢書。以免此一書院消失於今日世界，而求安頓此懷，安頓此心，並安頓此一生命和此一世界，又有何不可？爲此之故，我遂將近寫之文，有關生命，有關園林，有關世界，與夫有關農工業文化者，雖不少已發表於各報章雜誌，但爲免散失，終集成一書，並命名爲「生命與世界」，且即以之爲鵝湖叢書之一。另將以前在香港新亞書院所講之經子講義，如四書、五經、人物誌及文心雕龍等，分別編爲《四書大義》，《五經大義》，《人學與人物》及《文學與文心》等書，繼續予以出版，同作鵝湖書院叢書。自念一離鵝湖，即海外飄浮，幸吾妻携出子女六人，終獲成長。杜甫有詩云：「途窮賴友生。」今此鵝湖書院叢書之印行，亦是全賴友生。而明文書局於印行拙著《論中國庭園花木》，《道家思想》以及《儒家思想》等書之後，又鼎力相助，實更可感。故特於此向李董事長潤海，徐主編春梅，劉編輯盈伶等先生小姐誌謝！

民國七十五年十月程兆熊於陽明山

四書大義前言

（一）

本書原擬合下列八書而成一書，此即：

1.《論語講義》；
2.《孟子講義》；
3.《大學講義》；
4.《中庸講義》；
5.《論語復講》；
6.《孟子新講》；
7.《荀子講義》；

8.《儒家思想與國際社會》。

似此八書，大都為在大學之講義，再加以復講，新講以及擴至國際社會之所謂國際講。猶憶在多年以前，當我將一己所寫「儒家思想與國際社會」之講稿，送請熊十力老先生過目時；他竟於細細觀看之後，特函我道：文章博雜，但在目前，如此說來，亦甚好。迨來臺灣後，除教書於臺中農學院外，復在臺中大度山東海大學外文系講《論語》，並寫成《論語講義》。隨後赴香港中文大學新亞書院講經子課程，先後又寫成《孟子講義》，以及《大學》、《中庸》與《荀子》等講義。寫成之後，又憶及熊老先生之言，並猛憶禪門中之雲門語，此即是：

「問：如何是一代時教？

答：對一說！

問：不是目前機，亦非目前事，如何？

答：倒一說。」

(二)

為此之故，「對一說」了之後，我終不能不「倒一說」。於是復講、新講，以至通講、別講，又相繼而至。在此之際，我的老母，已十七年來未能見一面。不久更長眠於故土，因更千百世不可解於心。今則於寫成《思親集》之餘，又於想念鵝湖之外，遂只能因友人之助，印成一些鵝湖書院叢書。以上所列八書所合成之四書大義，本定爲鵝湖書院叢書之五。但校對之際，終覺其間對一說與倒一說，總須酌予一分，而分成兩部，此即：

（一）將「論孟學庸」四本講義作一書，此即爲鵝湖書叢書之六，名《四書大義》。

（二）再將《儒家思想與國際社會》，《論語復講》，《孟子新講》及《荀子講義》四本書，另成一書，此即爲鵝湖書院叢書之五，名《儒家教化與國際社會》。

（三）

第二次世界大戰之後，李格氏（James Legge）所譯之英文四書，已更爲西方人士所重視。即以香港一地而言，此英譯四書已無處無之。稍識英文者，幾皆知此書。至於在香港居住之英美人士，則更爲人手一冊。近年來，英美德法人士，對一切生產事業之促進，想盡辦法，終無善法，反之，日本、韓國、中華民國，以至香港，新嘉坡等，曾深受儒家以前所謂「正德、利用、厚生」教化之澤者，其生產情形，竟大不相同。以日本而論，目前財富，已超過美國。此誠爲西方始料之所不及。

國際大勢之所趨，總會是：「窮則變，變則通，通則久。」人類歷史大勢之所趨，總會是：「齊一變至於魯，魯一變至於道。」於此，《論語》載：「子張問十世可知也？子曰：殷因於夏禮，所損益可知也。周因於殷禮，所損益可知也，其或繼周者，雖百世可知也。」要知百世之下，正是今日。當今之世，又果如何？總之，一切會是很快的！凡是不能對一說的，就倒一說罷。到頭來，凡是不必倒一說的，就再去對一說好了。

（四）

以前朱子盡畢生之力，集註四書，終成《四書集註》。其所定之四書次序是：《大學》、《中庸》、《論語》、《孟子》。一直到現在，連西人李格之翻譯四書，仍照此安排。但當王陽明之弟子問學庸二書如何時，陽明即言：「子思括《大學》一書之義為《中庸》首章」。此使陽明、朱子終不易合。至於朱陸，則陸象山乃直承孟子，而朱子《四書集註》中，實以孟子注解最差。此因彼此精神，其所著重之處，固不必力求其同。惟後學之人，總難免有多少遺憾。為此之故，我之此書，在《大學講義》中，對朱子陽明之所說，兩皆採用。此自大有人不以為然，惟亦只得聽之。至於朱子對孟子之註，我在《孟子新講》

中，即不惜長言，加以論辨，亦不復顧及其他。至於四書次序，則亦將「學庸論孟」之排列，整個翻轉，而改爲「論孟學庸」。此有二義：一爲就一己寫作之時間與研究之步驟而定。我的寫作時間之先後日期，皆於每書前言中，一一註明。二爲就「論孟學庸」四書本身而定。朱子以大學爲首，乃本伊川所言，即大學爲初學入德之門。實則，大學一書，即使爲儒家思想教化之一大綱領，但亦不必置之於論語之前。而孟子亦不應置之於中庸之後，此實不必多所議論。

（五）

說到我一己新講、後講，以及國際講等等之所作，今分別編爲兩書，則自多方便之處。茲不復多說，特書此再作前言。

大中華民國七十六年八月七日程兆熊於華岡路

前言

余先後於東海大學及新亞書院講《論語》。所編《論語講義》已由人生出版社印行。復爲新亞書院講《孟子》，而在旅程不安狀態中，寫成《孟子講義》，以作學生之用。來港以後，自以爲多年不知老母之生死存亡，或可因此行而獲得若干消息。乃爲時頗久，仍是音訊渺然。仰天浩歎，日夜不安，因又於講解《孟子》之餘，草此講義，以寄此心。動筆之期，爲大中華民國四十九年二月十五日，時正隨君毅兄夫婦暨幼偉兄等應釋雲山法師之約，於九龍新界沙田淨苑及元朗青山一帶，遊罷歸來。多年不作春遊，一旦見春回大地，其樂可知。曾題詩四首，其一云：「青山道上花開好，大海邊緣日已斜，不覺斜陽眞欲墮，其紅如火又如花。」心想：彼如火如荼者，終是斜陽。此中意趣，知者自知。適尙未謀面之王西艾先生又自美國來信，並錄其「雪夜的懷念」新詩相贈，末有「祇等待第一陣春風的吹煦」之句。詩中更吟詠著「洞裏的老者，卻仍在從容的註經論史」。爲此種種因緣，遂將本書，一口氣寫下去，至三月一日，即告完成，為時凡十五日，自是太快。

然自問於古人書，亦並非出以輕心。祇因時亂世衰，老母生死未卜，遂爾急急遑遑，寫罷終覺無奈。老母已近八旬，念佛吃長素，凡四十餘載。自恃有佛護持，不肯外出，今別慈容，竟十一年有餘矣。人到此際，會正如王龍溪所云：「且道放不下的是什麼？」高堂之上，不容不肖之人。大學之中，亦不容不實之說。前此過農曆新年之際，君毅兄夫婦因余一人在港，妻子遠在臺灣，乃邀赴其家度歲，其時悵觸多端，曾草近一萬言之家書以寄臺，痛述回頭轉腦之言，並深有感於同事王老先生由美歸來，每於農曆元旦吃素，以念其母，並高懸其母之照片於堂中，而不外出。今余則連老母之照片，亦無存矣。半月伏案，寫此《大學》一書，究與余寫此家書之心情，是一是二，竟未能予以分別。讀者若能了解於此，則於余所書，或可不至苛責也。

程兆熊於香港九龍農圃道六號

CONTENTS

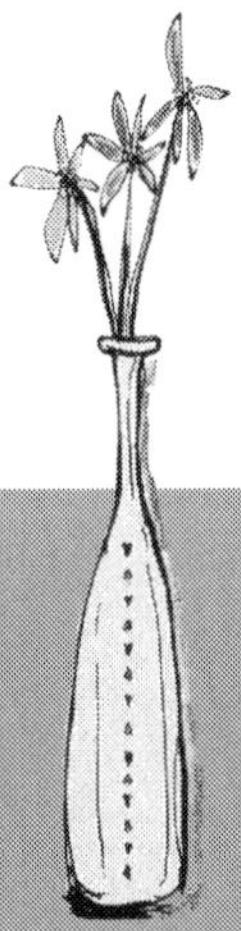

第一講

大人之學

（一）

大學之道，在明明德，在親民，在止於至善。

大學之道，就是人世的大道。在這大道裏，一個人欲成其大，就必須層層上提。在明明德的一個層次上，那是知其一己；在親民的一個層次上，那是全其一己；在止於至善的一個層次上，那是完成其一己。人能有知其一己之知，即有其清明；有其清明，即有其明德。於此，明明德即是清明在躬，即是通體透明，是即毫無渣滓，即是此心朗然，亦即是無明的突破，又即是心靈的突顯。由此，而使其一己有其超越性，又使一切有其精神性。人能有全其一己之任，即有其不容已之心；有其不容已之心，即有其「吾非斯人之徒與而誰與」之歎。於此，親民即是與人爲徒，即是「吉凶與民同患」，即是以中國爲一人，即是以天下爲一家，即是此心惻然，亦即是無情的豁免，並即是生命的呈現。由此，而使其一己有其涵蓋性，又使一切有其一體性。人能有完成其一己之勇，即有其方向；有其方向，即有其境界。於此，止於至善即是一大方向，即是一大境界，即是安住於無限與永恆，即是此心悄然，亦即是茫無皈依之消失，更即是性情的透露。由此而言，大學之道，就是心靈之理，就是生命之學，就是性情之教。朱註稱：

「大學者，大人之學也。」

此則因：惟大人始能顯其心靈，現其生命，見其性情，而可以接觸此等學問。同時，此等學問，亦正所以成就大人，而使其知其一己之大，全其一己之大，並完成其一己之大，以立人極。

於此，明明德就是明仁之德，就是識仁；親民就是行仁之事，就是求仁；止於至善就是惟歸於仁，就是安仁。不識仁者，必不能知其一己；不求諸仁者，必不能全其一己；不安於仁者，必不能完成其一己。反之，不能眞知其一己者，亦必不能識仁；不能眞全其一己者，亦必不求諸仁；不能眞完成其一己者，亦必不安於仁。此仁之所以爲明德。

由明明德到親民，由親民到止於至善，這是一個人的層層上提，以成其大，以成其「其仁如大」。

（二）

知止而後有定，定而後能靜，靜而後能安，安而後能慮，慮而後能得。

止是止於至善，定是定於一心，靜是天清地寧，安是文思安安，慮是「有不善未嘗不知」，得是「易簡而天下之理得矣」。這是一個人的層層進入，以成其深。

一個人由有限到無限，必須「當下」就是無限。一個人由剎那到永恆，必須「當下」就是永恆。這「當下」，就是止。一有所待，即無所止。故止是止於無待裏。

一無所待，便即能止。能止就是至善。至善是一個止境。止境是一個無待之境。在無待之境裏，一心定下來，一切也就定下來。這是知止而後有定，定是定於一心，而及於一切。

既及於一切，那便與一切無對。既與一切無對，那便天清地寧。靜是天清地寧，而反於一己。這是定而後能靜。

既反於一己，即歸於一己。既歸於一己，即爲己之固有。而己之固有，即爲己之所安。安是文思安安，而靈明不昧。這是靜而後能安。

既靈明不昧，那便淵淵其淵。既淵淵其淵，那便是「逝者如斯夫，不捨晝夜」。而不捨晝夜，即無不在鑑照之中，爲其所慮之域。慮是「有不善，未嘗不知」，更何況是善？這是安而後能慮。

由此而浩浩其天，便是天下何思何慮？既天下何思何慮，那便何所不得。得是「易簡而天下之理得矣」。這是慮而後能得。

由知止到有定，而能靜，能安，能慮，能得，這是一個人的層層進入，以成其深，以成其「肫肫其仁」。

（三）

物有本末，事有終始，知所先後，則近道矣。

有層層的上提，那便有層層的進入。於此有本根，亦有末梢，這是物有本末。有層層的進入，那更有層層的上提。於此有起點，亦有終點，這是事有終始。而從根本上著手，從終點上著眼，這便是「知所先後，則近道矣」。

（四）

古之欲明明德於天下者，先治其國；欲治其國者，先齊其家；欲齊其家者，先修其身；欲修其身者，先正其心；欲正其心者，先誠其意；欲誠其意者，先致其知；致知在格物。

這是由層層上提，而層層進入；又由層層進入，而步步落實。

明明德於天下，就是行仁於天下。行仁於天下，就是實現其道德的使命於天下，以使天下之人，皆能自明其明德，而同在光明普照之中。由此而天下文明，由此而天下歸仁。亦由此而盡人道，由此而立人極。

仁者以天地萬物爲一體，自必以天下爲一家。既以天下爲一家，自必明明德於天下。既爲明德，自必明其明德；既明其明德，自必達其明德之明於天下，而免去其一切之「無明」於天下。天下之不太平，乃由於天下之無明。若其明德大明於天下，便自致其太平於天下。天下之歸於大明，即天下之歸於仁。而天下之歸於太平，即天下之歸於「郁郁乎文哉」。如此以天地萬物爲一體，即落實而以天下爲一家。而原爲一道德的使命，即又一轉而聯結於一政治的使命。

既聯結於一政治的使命，即須先治其國，由「以天下爲一家」，落實而「以中國爲一人」。至此便更顯其客觀精神，並讓其國家眞成一精神之實體。在純爲一道德的使命上，欲明明德於天下，自須重人禽之辨。惟既聯結於一政治的使命，則於先治其國之一大前提下，自更須嚴華夷之分。但於此，入「中國則中國之，入夷狄則夷狄之」，所謂華夷之分，實是一文化之分。由此文化之分，則又使其原聯結於一政治的使命者，更一轉而聯結於一歷史文化之使命。而所謂先治其國，則又重在使人人有生命的安頓，並有其歷史文化生命之安頓。此即讓人人將其生命套入一大歷史文化之系統中，有其歷史生命，有其文化生命，並有其慧命之相續，有其生命之永恆。至此，「以中國爲一人」，又落實而爲至親骨肉，而原爲政治上的歷史文化的使命，即又一轉而更聯結於歷史文化上的倫常之道。

既聯結於倫常之道，則欲治其國者，自應先齊其家。家是親骨肉之所形成，而歷史文化於此，亦儘可顯出其親骨肉。到這裏，倫常之虧，就是天地之虧。倫常之變，就是天翻地覆。而夫婦之好，是「乾坤定矣」。因之，倫常之道，又必然聯結於性情之教。家國天下，亦即落實而爲一身。左右得一身，便左右得家國天下。「垂衣裳而治天下」，篤恭而天下平，固無非爲性情之教。

既聯結於性情之教，則欲齊其家者，自須先修其身。「萬物皆備於我」，我則只此一身。人各一宇宙，人各一太極，而又人各一身。故修其身，即修其本。修其本，即修其山河大地。修其山河大地，即修其乾坤。一修一齊修，一失修，一齊失修。純自然之生命，不必修，故禽獸草木不必修。純精神之生命不必修，故上帝鬼神不必修。而人之一身，則必須修。此則因惟有一個「人」的生命，不是純自然的生命，亦不是純精神之生命，但又具備其自然之生命，和具備其精神的生命，而儘有其道德的使命之擔承，政治的使命的擔承，與夫歷史文化之使命的擔承，並應爲其個人之命運，與夫家國天下之命運作主。至此，便必須於人禽之辨與夫華夷之分以外，更必須有其義利之分。而義利之分，又只在人之一心，只在人之一念，只在人之一覺，只在人之不蔽於物，以免於無明。此則由家國天下落實到一身之上，又從一身落到心的上面，落到意的上面，落到知的上面，落到物的上面。這更有無窮無盡的事在，這更須永續不斷的功夫，同時，這更具備著層出不窮的境界。而且越是有事在，便越是要功夫密；越是功夫密，便越有其崇高、博厚而悠久的境界。身是一個「個體」。這個「個體」是一切之本，因離此個體，談家國天下，則家國天下便都只是抽象的名詞。這個體是一切之終，因無此個體，談心意知物，則心意知物便都不會有其眞正的著落。

朱子於其《四書集註》中稱：

「心者，身之所主也。」

既心爲身之所主，則欲修其身者，自須先正其心。究極言之，心無不正，亦即無不善。其能正其心者，必其心之正。其能善其心者，亦必其心之善。其所以流於邪與惡，便必須由義利之分，而涉及善惡之源，與夫心之體。王陽明四句教中，有言曰：

「無善無惡，是心之體。」

於此，無善無惡，即是無善無不善。無善無不善，即是至善。至善即是至止。至止即是至中。惟此至中之生生化化，不能不有其發展。有其發展，即有其條理。有其條理，即有其過與不及。有其過與不及，即又有中與不中。有其中與不中，即又有其正與不正。有其正與不正，即又有其善與不善。由此而覿體承當，便是不正自正，一善百善。由此而必有事焉，便是「欲修其身者，先正其心」，而正其心，便即是致其中，致其中和；致其中，致其中和，便即是循其理，循其條理。正是心之正，中是心之中，和是心之和，理是心之理。而究極言之，心又即是正，心又即是中，心又即是和，心又即是理。故陽明言：

「心即理也。」

此心即是正，又即是中，又即是和，又即是理，纔一助長，則又即是過；纔一忘，則又即是不及。而過與不及，則又即失其正，失其中，失其和，失其理。由此而言，正心只是存心，存心只是養心，養心只是求內心之均衡，求內心之均衡，只是求內心之一，以使其一歸於正，一位於中，一本於和，一循於理。此即是所謂：

「人心惟危，道心惟微，惟精惟一，允執厥中。」

如此以明其心，即明明德。如此以推其心，即親民。如此以止其心，即止於至善。蓋止其心，便即「臣心如水」，而能定其心；定其心，便即「觸之不動」，而能靜其心；靜其心，便即「靜中養出端倪」，而能安其心；安其心，便即思無邪，而能慮其心；慮其心，便即「才動即覺，才覺即化」，而能得其心；得其心，便即收其放心，而能修其身。由此而心有所向，以簡單化其意，便是誠意；由此而心復其靈，以純化其知，便是致知；由此而心至於物，以自作主宰，便是格物。由此而言「欲修其身者，先正其心」，正心焉足矣。如此「即物而窮其理」（朱子語），正是即知而窮其理，便就是即心而求其正。這正是「靜極生神智，無邪即至眞；簡化與純化，方能度一身」。由此可言，「欲修其身者，先正其心」，正心焉足矣。

惟正心終須有其一個把柄，這便是誠意，這誠意即是由一心落實到一意。所謂「欲正其心者，先誠其意」，則亦正因「道之浩浩」，即心之浩浩，其下手處，不能不扣緊在意上，而以誠敬存之。於此朱註稱：

「誠者，實也。意者心之所發也。實其心之所發，欲其必自慊而無自欺也。」心之所發，即是心之發展。於此而有其本，便即有其一；於此而有其一，便即有其實。所謂實其心之所發，即是一其心之所發；一其心之所發，即是本其心之所發。一其心之所發，便必自慊；本其心之所發，便無自欺。故在心之發展上，能即心而窮其理，便是即心而求其正。於此稍縱即逝，一落實而至於意，則能即意而窮其理，便是即意而求其誠。王陽明四句教中有言曰：

「有善有惡是意之動。」

於此，意之動，即心之所發；心之所發，即心之發展。能即意而窮其理，便即能誠善其善之意，誠惡其惡之意，而又畢竟無善無惡之相，以果其心，以動其氣。至此，所謂即意而窮其理，便又只是一循於理，把意推出去，而無私意作好作惡。《傳習錄》載：

侃去花間草，因曰：「天地間何善難培，惡難去？」先生曰：「未培未去耳。」少間，曰：「此等看善惡，皆從軀殼起念，便會錯。」侃未達。曰：「天地生意，花草一般，何曾有善惡之分？子欲觀花，則以花爲善，以草爲惡。如欲用草時，復以草爲善矣。此等善惡，皆由汝心好惡所生，故知是錯。」曰：「然則無善無惡乎？」曰：「無善無惡者，理之靜；有善有惡者，氣之動。不動於氣，即無善無惡，是謂至善。」曰：「佛氏亦無善無惡，何以異？」曰：「佛氏著在無善無惡上，便一切都不管，不可以治天下。聖人『無善無惡，只是無有作好，無有作惡』，不動於氣，然『遵王之道』，會有其極，便自一循天理，便有箇裁成輔相。」曰：「草既非惡，即草不宜去矣。」曰：「如此卻是佛老意見，草若是礙，何妨汝去？」曰：「如此又是作好、作惡。」曰：「不作好惡，非是全無好惡，卻是無知覺的人。謂之不作者，只是好惡一循於理，不去又著一分意思，如此，即是不曾好惡一般。」曰：「去草如何是一循於理，不著意思？」曰：「草有妨礙，理亦宜去，去之而已；偶未即去，亦不累心。若著了一分意思，即心體便有貽累，便有許多動氣處。」曰：「然則善惡全不在物？」曰：「只在汝心。循理便是善，動氣便是惡。」曰：「畢竟物無善惡？」曰：「在心如此，在物亦然。世儒惟不知此，捨心逐物，將『格物』之學錯看了，終日馳求於外，只做得箇『義襲而取』，終身行不著，習不察。」曰：「如好好色，如惡惡臭，則如何？」曰：「此正是一循於理，是天理合如此，本無私意作好作惡。」曰：「如好好色，如惡惡臭，安得非意？」曰：「卻是誠意，不是私意。誠意只是循天理。雖是循天理，亦著不得一分意，故有所忿懥、好樂，則不得其正，須是廓然大公，方是心之本體。知此，即知『未發之中』。」伯生曰：「先生云『草有妨礙，理亦宜去』，緣何又是軀殼起念？」曰：「此須汝心自體當。汝要去草，是什麼心？周茂叔窗前草不除，是什麼心」？

至此，心無善無惡。心之有善有惡，是在心之發展上。意亦無善無惡。意之有善有惡，是在意之動上。知亦無善無惡。知之有善有惡，是在累此心上。物亦無善無惡。物之有善有惡，是在動此意上。誠意只是不生其心。不生其心，則心無所累。誠意只是不著其意。不著其意，則意無所動。誠意只是不逞其知。不逞其知，則知無不知。誠意只是不陷於物。不陷於物，則物無不至。由此而言，「欲正其心者先誠其意」，誠意焉足矣。正心而不生其心，以歸於無心，無心而沖漠無朕。誠意而不著其意，以歸於無意，無意而至誠如神。致知而不逞其知，以歸於無知，無知而靈明不昧。格物而不陷於物，以歸於無物，無物而萬象森然。到此，便是「竿頭絲線憑君弄，不犯清波意自殊」。只要不生，只要不著，只要不逞，只要不陷，這便是誠意，一誠意即在百尺竿頭。一誠意，即憑君吟弄。一誠意，即清波不犯。一誠意，即其意自殊。誠意於心，則心正。誠意於意，則意誠。誠意於知，則知致。誠意於物，則物格。由此而言，「欲正其心者，先誠其意」，誠意焉足矣。故陽明大學古本序稱：

「大學之要，誠意而已矣。」

佛氏之無善無惡，是著在無善無惡上。而其著在無善無惡上，則只是著在心之未發上。其著在心之未發上，則又只是著在意之未動上。其著在意之未動上，則又只是著在知之未覺上。其著在知之未覺上，則又只是著在物之未至上。故當一接物時，即未足以語家國天下，即不足以治天下。到此，則雖「竿頭絲線憑君弄，不犯清波意自殊」，然終是心有未足，意有未安，知有未達，物有未通。但心有未足，仍只有誠其意以足之。意有未安，仍只有誠其意以安之。知有未達，仍只有誠其意以達之。物有未通，仍只有誠其意以通之。由此而言，「欲正其心者，先誠其意」，誠意焉足矣。

惟誠意亦終須有其一個把柄，這便是致知。這致知即是由一意落實到一知上，亦即由一念落實到一覺上。所謂「欲誠其意者，先致其知」，則亦正因道之浩浩，即意之浩浩，其下手處，不能不扣緊在知上，而有以知覺之。於此，朱注稱：

「致，推極也。知，猶識也，推極吾之知識，欲其所知無不盡也。」

此所謂「知識」，自非今之所謂「知識」。今日一般之所謂知識，乃希臘學術系統上的知識，即knowledge，此乃認識心上的知識，剋就道心言，此所謂之知識，乃相當於今日所謂之智慧，並透過性情。此即不慮而知之知，此即心之明覺，心之鑑照，亦即道心之明，並可說是生命之光，或心靈之照現。此乃此心之朗然，此乃此知之良，此乃清明在躬之明；此乃此心之暢然，此乃此知之靈，此乃雷雨之動滿盈之盈，此乃此心之澄然，此乃此知之圓，此乃良知之止。故致知於此，實乃致其明明德之明，致其親民之親，致其止於至善之止，並從而致其明之明，致其親之明，致其止之明。由此明於知止，而後有定；明於定，而後能靜；明於靜，而後能安；明於安，而後能慮，明於慮，而後能得。明於得，即明明德，而親民，而止於至善。於此，得只是得其明，得其親，得其止，亦即得其心之朗然，得其心之暢然，得其心之澄然，而朗然有其神智，暢然有其諧和，澄然有其歸宿。此乃靈知圓知之普現；此乃良知之普現，此乃雷雨之動滿盈，此乃生命之光通透。於此而有其一大生命之安頓，便是兼山之艮止。陽明四句教中有語云：

「知善知惡，是良知。」

此當是就良知之用上說，亦即就良知之發上說。若就良知之體上說，這就是心體。良知無不知，知之良，亦就是知之體。這就是明，這就是清明在躬之明；這就是清明，這就是大明，這就是光，這就是無限而永恆的光明；這亦就是神智，就是神明。這是心靈之明，這是靈明之明；這是超越的，這是至善的，因之，亦是無善無惡的。這是一個「全」，這是全善的，亦是全眞的，亦是全美的，因之，亦是全明的，全靈的，和完完全全通透的。郡會是全感全應的，但又會是不感不應的。那是感而遂通天下之故的，故儘可以之明明德於天下。陽明〈大學古本序〉稱：

「乃若致知，則存乎心悟。致知焉盡矣。」

既致知爲致其心之體，爲致其心之體之明，則明於物，即物格；明於意，即意誠；明於心，即心正；明於身，即身修；明於家，即家齊；明於國，即國治；明於天下，即天下平。而明於明明德，便即明明德；明於親民，便即親民；明於止於至善，便即止於至善。明於物有本末，便即物有本末；明於事有終始，便即事有終始；明於定靜安慮得，便即定靜安慮得；明於先後，便即近道。由此而言，則「欲誠其意者，先致其知」，致知焉足矣。

只是致知又如何能蹈空？蹈空便是光景！

只是致知又如何能無事？無事便是佛老！

不蹈空，便即有物，而有物亦即有則，而欲不致無事，便「必有事焉」，並必「見諸行事」，因又必見於物，必至於物，此即其明之至於物。聖人於此察於人倫，明於庶物，便莫非是事，莫非是物。這便是「致知在格物」。朱子《四書集註》中註稱：

「格，至也。物，猶事也。窮至事物之理，欲其極處，無不到也。」

至於物，亦可說是接於物。接於物，即接於事。接於事，即接於理。而「窮至事物之理」，亦即密接於事物之眞。故「欲其極處，無不到也」，亦即是欲其極處，無不是也，無不正也。王陽明於其所書〈大學問〉一文中，稱：

「格者，正也，正其不正，以歸於正之謂也。」

正其不正，以歸於正，亦即所以使其歸於善，歸於完成。於此，格物即所以成物，成物即所以成己，成己即所以成仁，成仁即所以「以天地萬物爲一體」，而以天地萬物爲一體，亦即是至於物。於此，所謂「至於物」，自是「心至於物」。心至於物，從而使其「明」主於物，使其明普於物，這便是神，這便是道。心至於物，從而使其性存於物，使其性見於物，這便是德，這便是教。心至於物，從而使其知及於物，知限於物，這便是目前的所謂科學。心至於物，從而使其情通於物，情親於物，這便是我們的所謂藝術。陽明四句教中稱：

「爲善去惡，是格物。」

此「爲善去惡」，自然是順修齊治平，順格致誠正而一直下來的一個歸結，亦是順明明德，順親民，順止於至善而一直下來的一個收束。然就有物有則上說，就聖人「察於人倫，明於庶物」上說，並就聖人「成能」上說，以及就「成物，知也」上說，則「窮至事物之理，欲其極處，無不到也」，固可使其到於神，到於道，到於德，到於教；但亦未始不可使其到於科學，到於藝術。曾點的「風乎舞雩，浴乎沂，詠而歸」，孔子亦說是「吾與點也」。到以後周茂叔的窗前草不除，陽明亦教人要知道「這是什麼心」。凡此固一方面是使其性存於物，使其性見於物，但一方面亦正是使其情通於物，使其情親於物。至此，物自然亦是無善無惡的物。而就明與知上說，明主於物之物，明普於物之物，與夫知及於物之物，知限於物之物，自然仍是無善無惡的物。此所以陽明於天泉證道時，終兩存其說。惟此中終無關於利根與鈍根之器。這只是將物放平，這亦只是將物放廣，這亦只是將物放冷。由此而「致知在格物」，便又是進一步的落實。

惟於此步步落實，並落實到「物」，更從而將物放平、放廣、放冷之下，如其未能又加以層層之上提與夫層層之深入，則其有限於支離之可虞，甚至有陷於物之大病，自亦是無可或免之事體。此乃因「物」固是無善無惡的物，但物究竟是「無明」，究竟是不透的。此不透明之物，必須明明在上以照之，更須明入其中以主之，格物固所以以其「明」而臨其無明，照其無明，主其無明，並破其無明，正其無明，化其無明，覺其無明，神其無明，從而眞使天地萬物，全無憂悲苦惱。但於此而不扣緊在致其明，亦即致其知之致上，則終無以長保此心之朗然，實保此心之暢然，和永保此心之澄然。不能長保此心之朗然，即不能長保此明之長明。不能實保此心之暢然，即不能實保此明之透明。不能永保此心之澄然，即不能永保此明之大明。於此便儘有其自生至死，永續不斷地致之功夫，亦即儘有其自生至死，「復其見天地之心」之功夫，亦即儘有其所謂「自生至死，只是這個回頭轉腦」之功夫。

惟此心之朗然，此心之暢然和此心之澄然，仍只是此心之一面，仍只是此心之明覺的一面。於此如乏其又一層的上提和又一層的深入，則亦儘可不陷於支離而陷於光景，不陷於物而陷於虛。陽明致良知之教，其後之流弊爲「情識而肆，虛玄而蕩」，實在其只任此心之明覺的一面。到此，便更不能不有此心之惻然。

由致此心之朗然爲明，暢然爲知，澄然爲如，更證此心之惻然而悲，凝然而斂，肅然而守其獨體，這便又是一提而爲愼獨，一入而爲誠意。劉蕺山思即於此而立其人極，則亦正是由朱子而陽明，更由陽明以致於彼之一應有的進路。境至此愈切，思至此愈深，而功夫亦至此愈密。王陽明自以爲悟得良知二字，乃千古之一大快事。王龍溪於「默默哀苦中，悟得自己只有一點靈明，是自生帶來的」，而羅近溪則特提孝弟慈三字，以爲宗旨。進而至於劉蕺山的「愼獨」，自亦正是孟子所謂的「萬物皆備於我，反身而誠，樂莫大焉」。世愈下而愈衰，學自亦應愈講而愈周。智周萬物，而道成一身；道成一身，而德備一心；德備一心，而誠在一念，並在一意。意念之微，何可不謹？此誠意之所以爲「由誠而明」與夫「誠則明矣」之道，此亦誠意之所以爲「不誠無物」而生天生地之道。

惟哀樂相生，終在一心之正；成天成地，尤在心德之全。單提誠意愼獨，原只是路轉山迴，但亦會是「山窮水盡疑無路」，而不能不使人思及「柳暗花明又一村」。如此重予一提，再一進入，便又到了正心。是意之誠，亦正是心之誠。是意之全，亦正是心之全。全意之誠，就是全心之誠。而全心之正，亦正是全意之正。於此全意全誠，全心全正，便見此心之惻然、凝然、肅然，又見此心之悄然，以及此心之綿綿，與夫此心之穆穆了。這只是性情行事，這只是性情作主；這只是簡單化了一心，就簡單化了一個世界；這只是純化了一心，就純化了萬物；這只是正了一心，就正了一身，正了一家，正了一國，正了天下。由此而言，單提「正心」於一邪惡萬狀的世代裏，又有何不可？單提正心於一憂患多端的國度裏，又有何不可？單提正心於一東歪西倒的世界裏，又有何不可？

（五）

物格而後知至，知至而後意誠，意誠而後心正，心正而後身修，身修而後家齊，家齊而後國治，國治而後天下平。自天子以至於庶人，壹是皆以修身為本；其本亂而末治者否矣。其所厚者薄，而其所薄者厚，未之有也。

於此，自天子以至於庶人，壹是皆以修身爲本。那會是「內聖」以修身爲本，外王亦是以修身爲本。對內聖而言，修身是一個終點，成就個體是一個極點，完成自己是一個頂點。在那裏，道成肉身，肉身亦復成道。那會儘有其絕對精神之顯現。對外王而言，修身是一個起點，成就個體是一個基點，完成自己是一個出發點。在那裏，「君子所過者化，所存者神」。那會儘有其客觀精神之顯現。那一方面是格致誠正的步步入微，而退藏於密；那一方面又是家國天下的步步推擴，而歸於治平。其所厚者身，其所薄者物。獲得一個世界，而失掉其一己，則在所不爲。惟若以其所厚者之身，而化爲其所薄者之物，復以其所薄者之物，而視作其所厚者之身，這便是失掉其一己。既失掉其一己，而復言格致誠正，這是「未之有也」。既失掉其一己，而猶言家國天下，這亦是「未之有也」。

不失掉其一己，則當其與事物相接觸之際，即心至於物。心至於物，即「窮至事物之理」。然「欲其極處，無不到也」，則必須其「明」之能爲物之主宰，並置物於其明之普照中，而賦予事物或物質以精神的意義；或則「成性存存」於事物之中，並於事物之中，澈見其性，而讓事爲性情中事，物爲性情中物，這便是物格而後知至。朱註稱：

「物格者，物理之極處，無不到也。知至者，吾心之所知，無不盡也。」

物理之極處無不到，那是智周萬物。吾心之所知無不盡，那是德備一心。由智周萬物而德備一心，這便自然物格而後知至。這是由認識心一躍而至道心，然於此，實僅在於「賦事物或物質以精神之意義，並使事爲性情中事，物爲性情中物」之格物。若只是心至於物，以「窮至事物之理，欲其極處，無不到也」，從而知及於物而限於物，或則情通於物而親於物，似此格物，則雖智周萬物，實未必能一躍而德備一心，因之物格便亦未必而後知至。知至實只應就道心之至而言。就道心而言，亦即就良知而言，或不慮而知之知而言。陽明以「格者，正也，正其不正，以歸於正」，自屬由智周萬物而德備一心之道，亦即由認識心而上合道心之道。必須有此一步之釐清，方是無往而不是「物格而後知至」。

既無往而不是「物格而後知至」，則知之至，即道心之至，亦即良知之至，或不慮而知之知之至，這便無往而不是「知至而後意誠」。此意之誠，即是德備一心之誠。既有其德備一心之誠，即無往而不是「意誠而後心正」。此心之正，即德備一心之正，即無往而不是「心正而後身修」。朱註稱：

「知既盡，則意可得而實矣。意既實，則心可得而正矣。修身以上，明明德之事也。」

於此，身修便是一身之明明德，亦即是一身有其德備一心之誠，有其德備一心之正。於此，身修者，便只是此心朗然，此心暢然，此心澄然；身修者，便只是此心惻然，此心凝然，此心肅然；身修者，便只此是心悄然，與夫此心之綿綿，以及此心之穆穆。由此而不斷簡單化，不斷純化，這便是「純亦不已」。這便是內聖。有其德備一心之明，而知自盡。有其德備一心之誠，而意自實。有其德備一心之正，而心自全。於此全就是正，正就是全，所以是聖。然此皆修身以內之事，所以是內聖。由內聖而外王，這便是明明德於天下。落到治國齊家，固皆明明德之事。所以說「修身以上，明明德之事也」。

「身修而後家齊，家齊而後國治，國治而後天下平」，這是由內聖直達外王，這亦是由內聖一直推至外王，這其間儘有無窮無盡的事在，這其間亦儘有曲曲折折的途程。但於此，只言其理，不言其事。言其事，則即須如孟子之所言：「必有事焉而勿正，心勿忘，勿助長也。」但於此，只言其道，不計其功。計其功，則正如陸象山之所言：「典憲之義極大。」降至今日，則科學與民主之用，自亦極宏。

第二講

止於至善

（一）

《康誥》曰：「克明德。」《太甲》曰：「顧諟天之明命。」《帝典》曰：「克明峻德。」皆自明也。

蒲羅米休士神，照希臘神話中之所言，是從天上偷火到人間，讓人間有光明，而自己則受了無窮的苦難，被縛於巨巖之下，在西方，一開始就是無明，而只是憑了蒲羅米休士的肝被啄食，得來了一點火。但在我方，則一開始就是自明，一開始就是「清明在躬」，一開始就是「天下文明」，並一開始就鑽木取了火，而有其光天化日。於此，周書康誥中之克明德，實就是能自得其明。自得其明，則其心朗然。朱註稱：

「克，能也。」

而明德，即是光明之德。光明之德，就是光明之心。光明之心，就是自得其明之心。而自得其明之心，便自然會此心朗然了。於此，商書中所載太甲之言，其所謂顧諟天之明命，會就是上天之明，已作成了一己的生命，而常在於目，熟審於躬，這其實就是「清明在躬」。清明在躬，則其心暢然。朱註稱：

「顧謂常自在之也。諟，猶此也，或曰：審也。」

而明命，即是神明之命。神明之命，就是光明之命。光明之命，就是「清明在躬」之命。而清明在躬之命，便自然會其心暢然了。朱註稱：

「天之明命，即天之所以與我，而我之所以爲德者也。常目在之，則無時不明矣。」

無時不明，即無時不是「此心暢然」。此雖是天之明命，然終是「我之所以爲德」。既是我之所以爲德，便即作成了我之一己光明的生命。而使我之一己的生命，亦就是光。此所以是此心暢然了。

於此，《虞書》中之《堯典》又有「克明峻德」之言，朱註稱：

「峻，大也。」

大德就是大明之德。大明之德，就是「天下文明」之德。天下文明之德，就是光天化日之德。如此，克明峻德便無非是天下文明，便無非是光天化日，亦無非是人文化成。天下文明，則天下澄然。光天化日，則宇宙澄然。人文化成，則一切澄然。因此之故，才一克明峻德，便自然會此心澄然了。

只因自明，所以儘會是天下文明。只因天下文明，所以儘會是光天化日。只因光天化日，所以儘會是人文化成。只因人文化成，所以儘會是去其無明。只因去其無明，所以儘會是免了蒲羅米休士之肝被啄食。

（二）

湯之《盤銘》曰：「苟日新，日日新，又日新。」《康誥》曰：「作新民。」《詩》曰：「周雖舊邦，其命維新。」是故君子無所不用其極。

在這裏，「苟日新，日日新，又日新」，只是常新。常新就是恆新。恆新就是恆其德。「不恆其德，或承之羞」，此所以要恆新，此所以要常新。朱註稱：

「苟，誠也。湯以人之洗濯其心以去惡，如沐浴其身以去垢。故銘其盤言：誠能一日有以滌其舊染之污而自新，則當因其已新者，而日日新之，又日新之，不可略有間斷也。」

於此，不略有間斷，即是恆。只恆其洗滌之德，即有其日新又新之面目。有其日新又新之面目，即有其日新又新之生命。有其日新又新之生命，即有其日新又新之天地。但此日新又新之面目，依舊是我本來之面目；若一失其本來之面目，那便是面目全非，不可聞問，而不復是日新又新之面目。但此日新又新之生命，依舊是我固有之生命；若一失其固有之生命，那便是「囫地一聲，泰山失足」，而不復是日新又新之生命。但此日新又新之天地，依舊是我泰初之天地；若一失其泰初之天地，那便是「天旋地轉，顛倒乾坤」，而不復是日新又新之天地。此在恆其一切之德，固皆如此。因此之故，恆其德，就是恆新；而恆新則只是不失其原，不失其本，不失其初，以歸於永恆。因此之故，恆其德，就是常新；而常新則只是能親其原，能反其本，能復其初，以歸於無限。在此，看得親切，恆新便只是常新，常新便只是常親，而新民亦即是親民。

由此而言作新民，據朱註之所稱，則為：

「鼓之舞之之謂作，言振起其自新之民也。」

自新之民，就是自新其德之民。自新其德之民，就是自恆其德之民。於此自恆其德之民，正是不失其初，不失其本，不失其原，並進而能復其初、能反其本、能親其原之民。而能親其原，則正是能親其德，而不知手之舞之足之蹈之者。本此而言「振起」，便是眞振起；本此而言作新民，便是大作。

《詩經．大雅．文王》之篇稱：「周雖舊邦，其命維新。」此據朱註所稱，則為：

「言周國雖舊，至於文王，能新其德，以及於民，而始受天命也。」

於此，「至於文王，能新其德」，亦只是至於文王，能恆其德。能恆其德，即能常親其民。能常親其民，即能永新其民，而新其國家之生命，並使其國家成一精神之實體，而為天命重新之所歸。只是其國家，依舊是原來的國家，並未失墮其原有之歷史文化的傳統，且對其列祖列宗所遺留下來的心血，更能寶而神之，以繼此一脈之綿綿，而歸於天命之穆穆。故曰：

「周雖舊邦，其命維新。」

君子於此，而思及無限，思及永恆，思及不朽，即知惟有在此「苟日新，日日新，又日新」，而獲其生命之創進處，方有其無限；惟有在此「作新民」，而獲其祖國之永生處，方有其永恆；惟有在「其命維新」，而獲其乾坤之轉處，方有其不朽。故曰：

「是故君子，無所不用其極。」

而無所不用其極，亦只是無所不恆其德，以日新又新而立其一身，以作新民而立其家國，以維新其命而立其人極！

（三）

《詩》云：「邦畿千里，惟民所止。」《詩》云：「緡蠻黃鳥，止于丘隅。」子曰：「於止，知其所止，可以人而不如鳥乎？」《詩》云：「穆穆文王，於緝熙敬止。」為人君，止於仁；為人臣，止於敬。為人子，止於孝。為人父，止於慈。與國人交，止於信。《詩》云：「瞻彼淇澳，菉竹猗猗；有斐君子，如切如磋，如琢如磨。瑟兮僩兮，赫兮喧兮，有斐君子，終不可諠兮。」「如切如磋」者，道學也。「如琢如磨」者，自修也。「瑟兮僩兮」者，恂慄也。「赫兮喧兮」者，威儀也。「有斐君子，終不可諠兮」者，道盛德至善，民之不能忘也。《詩》云：「於戲前王不忘。」君子賢其賢而親其親，小人樂其樂而利其利，此以沒世不忘也。

《詩經・商頌・玄鳥》之篇稱：「邦畿千里，惟民所止。」既惟民之所止，則此千里之邦畿，便必然是人的國度。這是人的國在地上，這不是人的國在天上，這更不是人的國在地底下、在地獄之中、在禽獸之域。於此，民之所止，便不能不「于時保之」。於此，民之所止，便不能不有以親之。且既爲「惟民所止」，便不能不惟民所主，而任其生息，任其自由，任其親和，任其利樂。朱註稱：

「邦畿，王者之都也。止，居也。言物各有當止之處也。」

王者之都，會就是「人的國」；人的國，會就是民之居。既惟民之所居，即惟民當止之處。而當止之處，亦即當能自得之處。「飛鳥有巢，狐狸有洞」，天之民，便不能不有「人的國」，以爲其所居，以任其自得。亦只有任其自得，以「得其所哉」，方是「惟其所止」，故曰：

「邦畿千里，惟民所止。」

《詩經・小雅・綿蠻》之篇稱：「緡蠻黃鳥，止于丘隅。」此據朱註稱：「緡蠻，鳥聲。丘隅，岑蔚之處。緡，詩作綿。」

於此，飛鳥不僅有巢，飛鳥亦儘能自得，而有其緡蠻之聲，並有其丘隅之止，以安居於岑蔚之處。由此而言，惟民之所止，是性情之所止；黃鳥之所止，亦正是性情之所止。有性情或王者之邦畿，即有性情之國度；有性情之國度，即有性情之人間；有性情之人間，即有性情之天地；有性情之天地，即有其一草一木亦儘可見其性情之處，而一任緡蠻黃鳥之所止。到這裏，丘隅亦正是性情之丘隅。故曰：

「緡蠻黃鳥，止於丘隅。」

既連黃鳥之所止，亦是性情之所止，則所止者即莫不是性情。故「於止，知其所止」，便即是天地位，萬物育。而「雷雨之動滿盈」，亦即是兼山之艮止。黃鳥於此等天地中，飛來飛往，會正是一起一切起，一止一切止。在其輕輕地飛起時，人已作了天地之主；而在其靜靜地止息時，人更作成了天地之心。於此，對人而言，那儘會是百鳥來朝，人自非鳥可比。故飛鳥有巢，狐狸有洞。人子自更應有枕頭之處，自更應有至善之止。此所以是：

「子曰：於止，知其所止，可以人而不如鳥乎？」

此據朱註所稱，則是：

「子曰以下，孔子說詩之辭。言人當知所當止之處也。」

在這裏，當止之處，自然已經不是僅僅「枕頭之處」。由此以言我們的聖心之心，當儘會是「惟民所止」。惟斯民之所止，方是至善之所止。

＊　＊　＊　＊　＊

《詩經．文王》之篇稱文王爲「穆穆文王，於緝熙敬止」。於此朱註稱：

「穆穆，深遠意。於，歎美辭。緝，繼續也。熙，光明也。敬止，言其無不敬而安所止也。」孔子之心，惟民所止；而文王之意，則於此只是穆穆綿綿。此穆穆綿綿之意，因止於無限，故儘有其深；因止於永恆，故儘有其遠。到這裏，便只有讚歎，便只有美辭。由一個人的無限，便到一個國度的無限。由一個人的永恆，便到一個國度的永恆。一個人在此無限和永恆裏完成，一個國度亦在此無限和永恆裏完成。這是繼續不斷的完成，這是光明不朽的完成。以言完成，則一草一木，亦儘可見其性情。由此而成性情之教，便只是毋不敬，儼若思，而文思安安，自安其所止。然其所止，仍只是「惟民所止」；其安其所止，更只是敬其所止。於此而純亦不已，於此而光明無窮，於此而簡單化到極點，便於此而敬止，故曰：

「穆穆文王，於緝熙敬止。」

朱子註稱：

「引此而言聖人之止，無非至善。」

這對一個邪惡的世代說，才止即是至善。這止是才動即覺，才覺即化，才化即止之止，所以你便儘可以說：才止即是至善。

在這裏，爲人君，才止於仁，就是至善。亦必止於仁，才有其一大精神之涵蓋，而使天下歸仁。

在這裏，爲人臣，才止於敬，就是至善。亦必止於敬，才有其一大精神之超越，而使天下歸仁。

在這裏，爲人子，才止於孝，就是至善。亦必止於孝，才有其一大精神之穆穆，而使天下歸一。

下歸根。

在這裏，爲人父，才止於慈，就是至善。亦必止於慈，才有其一大精神之綿綿，而使天下歸本。

在這裏，與國人交，才止於信，就是至善。亦必止於信，才有其一大精神之實體，而使天下歸心。

此所以是：「爲人君，止於仁；爲人臣，止於敬；爲人子，止於孝；爲人父，止於慈；與國人交，止於信。」朱註於此稱：

「五者，乃其目之大者也。學者於此究其精微之蘊，而又推類以盡其餘，則於天下之事，皆有以知其所止，而無疑矣。」

實則學者於此「究其精微之蘊」，在「爲人君止於仁」下，人人固皆可止於仁，一切亦皆可止於仁。如此，則仁即爲全德，即爲至善，而非僅爲人君之一德，而非僅爲人君之一善。在「爲人臣止於敬」下，人人固皆可止於敬，一切固皆可止於敬。如此則敬即爲全德，即爲至善，而非僅爲人臣之一德，而非僅爲人臣之一善。在「爲人子止於孝」下，人人固皆可止於孝，此因人人固皆曾爲人之子。當爲人之子，而回頭是父時，即止於孝，且一切在其孝中。如此則孝即爲全德，即爲至善，而不僅爲人子之一德，而不僅爲人子之一善。在「爲人父止於慈」下，人人固皆可止於慈，此因人人固皆將為人之父，當為人之父而心懷赤子時，即止於慈，且一切在其慈中。如此則慈即為全德，即為至善，而非僅為人父之一德，而非僅為人父之一善。在「與國人交止於信」下，事事固皆應止於信，一切固皆應止於信。「不要怕，只要信」，從而「誠信存之」，這便是「信」進而成就了一己，成就了萬事，成就了一切。果如此，則信即為全德，即為至善，而不僅為與國人交之一德，而不僅為與國人交之一善。果能知此而「推類以盡其餘」，則即可一如朱子所言：

「於天下之事，皆有以知其所止，而無疑矣。」

＊　＊　＊　＊

《詩經．衛風．淇澳》之篇所稱之「瞻彼淇澳，菉竹猗猗」。此據朱子所註則是：

「淇，水名。澳，水隈也。猗猗，美盛貌。興也。」

由此而興起其對君子之盛德的吟詠與嘆美，這便是《衛風．淇澳》之篇所繼稱之「有斐君子，如切如磋，如琢如磨；瑟兮僩兮，赫兮喧兮，有斐君子，終不可諠兮」。此據朱子之所註，則為：

「斐，文貌。切以刀鋸，琢以椎鑿，皆裁物使成形質也。磋以鑢鐋，磨以沙石，皆治物使其滑澤也。治骨角者，既切而復磋之。治玉石者，既琢而復磨之。皆言其治之有緒，而益致其精也。瑟，嚴密之貌。僩，武毅之貌。赫喧，宣著盛大之貌。諠，忘也。」這只是由道德的實踐而有的一種謹嚴，這只是由道德的實踐而有的一種精彩；這只是由道德的實踐而有的一種風姿，這只是由道德的實踐而有的一種氣象。如切如磋，則極其謹嚴；如琢如磨，則現其精彩；瑟兮僩兮，則自然有其風姿；赫兮喧兮，則當下見其氣象。這有如日月星辰，風雨雷霆之在天；這有如嶽峙淵停、鳥鳴花放之在地。舉凡天地之文，固皆爲君子之文，此所以是「有斐君子」，會永遠是天地間的最佳的藝術品；此所以是有斐君子，會永遠是人類中的無上的好模型。這如何能不歎賞？這如何能有時或忘？故曰：

「有斐君子，終不可諠兮。」

在道德的實踐上，「如切如磋者，道學也」。於此朱子之所註爲：

「道，言也。學謂講習討論之事。」

於此，道學自是道其智慧之學，道其義理之學。

在道德的實踐上，「如琢如磨者，自修也」。於此，朱子之註稱：

「自修者，省察克治之功。」

於此，自修自是修其性情之教，修其心性之教。

在道德的實踐上，「瑟兮僩兮者，恂慄也」。於此，朱子之註爲：

「恂慄，戰懼也。」

在這裏，一種風姿之閃爍，會儘可以令人戰懼。

在道德的實踐上，「赫兮喧兮者，威儀也」。於此，朱子註曰：

「威，可畏也。儀，可象也。」

在這裏，一種氣象之堂皇，會儘可以令人望而生畏，並儘可以作其無限而永恆的一種象徵。

由此而言，所謂「有斐君子，終不可諠兮」者，在道德的實踐上，便會只是「道盛德至善，民之不能忘也」。於此，個人功業之大小，與夫個人恩澤之所及，則儘可不必計及。此據朱子之所註，則為：

「以明明德者之止於至善。道學自修，言其所以得之之由。恂慄威儀，言其德容表裏之盛。卒乃指其實而歎美之也。」

但在這裏，一種道德的實踐，固皆為一種無限的過程。且正因其為一種無限的過程，所以更能興起人們之一種無窮的嚮往。

《詩經．周頌．烈文》之篇所稱之「于戲，前王不忘」。此據朱子之所註，則為：

「于戲，歎辭。前王，謂文武也。」

在這裏，道德的實踐，聯結於政治的實踐，便又須計及其個人的功業與夫個人的恩澤了。而且道德的實踐，亦終須進而爲政治之實踐，以使此「可久，則賢人之德」，進而爲「可大，則賢人之業」。而文王武王之於此，則正是大其德，又大其功；恆其德，又久其業。以此文武之德，加上文武之功，更加上文武之業，以成其文武之道，自更會是「前王不忘」。

在道德的實踐又兼政治的實踐下，在「可久，則賢人之德」，又兼「可大，則賢人之業」下，在「于戲，前王不忘」之下，便自然會：

「君子，賢其賢，而親其親；小人樂其樂，而利其利。」

於此，朱註稱：

「君子，謂其後賢後王。小人，謂後民也。」

在道德的實踐上，後賢賢其賢，則恆其德，而其德便益久。在政治的實踐上，後王親其親，則繼其統，而其業便益大。

在道德的實踐上，後人樂其樂，則承其風，而其恩便益溥。在政治的實踐上，後民利其利，則庇其蔭，而其澤便益長。

德既益久，業既益大，這就是不朽。恩既益溥，澤既益長，這自是難忘。故曰：

「此以沒世不忘也。」

朱子亦於此註稱：

「此言前王所以新民者，止於至善，能使天下後世，無一物不得其所，又以能沒世而人思慕之，愈久而不忘也。」

無一物不得其所，即無一人而無其生命之安頓。無一人而無其生命之安頓，即無一人而無其性情之安排。安頓是全新的安頓；安排是至善的安排。全新的安頓，是大安頓。至善的安排，是大安排。在道德的實踐上之一大安排裏，在政治的實踐上之一大安頓裏，自會是沒世而人思慕，自會是愈久而人不忘。

（四）

子曰：「聽訟，吾猶人也，必也使無訟乎？」無情者不得盡其辭，大畏民志。此謂知本。

「聽訟，吾猶人也」。那是只歸於理性。「必也使無訟乎？」那是更歸於性情。一歸於性情，那便是「天何言哉？四時行焉，百物生焉，天何言哉？」既「四時行焉，百物生焉」，那還會有什麼「訟」呢？一歸於性情，那便是「天下何思何慮？萬物同歸而殊途，一致而百慮，天下何思何慮？」既「萬物同歸而殊途，一致而百慮」，那還會有什麼「訟」呢？一歸於性情，那便是「日往則月來，月往則日來，日月相推，而明生焉。寒往則暑來，暑往則寒來，寒暑相推，而歲成焉。往者屈也，來者信也，屈信相感而利生焉。尺蠖之屈，爲求信也。龍蛇之蟄，爲存身也。精義入神，以致用也。利用安身，以崇德也。過此以往，未之或知也。窮神知化，德之盛也」。既是「明生」，既是「歲成」，既是「利生」，那還會有什麼「訟」呢？「天何言哉」？這就是無訟！「天下何思何慮」？這就是無訟！「日往則月來，月往則日來」，這就是無訟！只此「必也使無訟乎」之一語，便是與天地同體，便是與日月同明，便是與歲同春，便是與道爲一。因之，無訟之相，就是整個乾坤之相，就是乾乾之相，就是厚德載物之相，就是「易簡而天下之理得矣」之相，就是「易簡之善，配至德」之相，亦就是簡單化到了極點之相，亦就是一大純相。只此便是「成性存存，道義之門」；只此便是歸於性情。此在孔門，則「吾斯之未能信」，亦是無訟之相；「不違如愚」，亦是無訟之相。而「風乎舞雩，浴乎沂，詠而歸」，亦未始不是無訟之相。若夫夫子之「毋意毋必毋固毋我」，與夫「丘也幸，苟有過，人必知之」，則更整個是無訟之相。本此無訟之相，則無情者，便自「不得盡其辭」。本此無訟之相，則一派光明，便自「大畏民志」。此據朱子之所註，則爲：

「猶人，不異於人也。情，實也。引夫子之言，而言聖人能使無實之人，不敢盡其虛誕之辭。蓋我之明德既明，自然有以畏服民之心志。故訟不待聽而自無也」。

於此，不異於人，即此理性之不異於人。必全歸於性情，方是聖人。聖人之心朗然，暢然而澄然，便自能使「無實之人，不敢盡其虛誕之辭」。聖人之心惻然，凝然而肅然，便「自然有以畏服民之心志」。聖人之心悄然而綿綿穆穆，便自可「訟不待聽而自無」。必須如此，方是知心；必須知心，方是知本。故曰：

「此謂知本。」

朱子更於此註稱：

「觀於此言，可以知本末之先後矣。」

蓋觀於夫子「聽訟，吾猶人也；必也使無訟乎？」之言，即知：惟歸於性情，方是一切之本。只此便是明明德，只此便是親民，只此便是止於至善。只此便是不僅「能使無實之人，不敢盡其虛誕之辭」，且直使其無辭。無辭便是無訟，無訟便大見其心，便大見其志，而不僅僅是大畏民志。以此而言，其他便都是末著，其他便都可擺在後頭了。

第三講

歸於性情

（一）此謂知本，此謂知之至也。

朱子於此附語稱：

「右傳之五章，蓋格物致知之義，而今亡矣。閒嘗竊取程子之意，以補之曰：所謂致知在格物者，言欲致吾之知，在即物而窮其理也。蓋人心之靈，莫不有知，而天下之物，莫不有理；惟於理有未窮，故其知有不盡也。是以大學始教，必使學者，即凡天下之物，莫不因其已知之理，而益窮之，以求至乎其極，至於用力之久，而一旦豁然貫通焉，則眾物之表裏精粗無不到，而吾心之全體大用無不明矣。此謂物格，此謂知之至也。」

此則有其可能性，而無其必然性。就有其可能性上說：那便是智周萬物，而德備一心。就無其必然性上說：那便難免如陽明所說之支離破碎。故至陽明時，便即由「即物而窮其理」，一轉而為「即心而致其知」，並認心即理，而物只須正之，使不蔽其知即足。此自直截了當，而儘是光明俊偉。惟順此「即物而窮其理」之一路下來，而能截斷一切的糾葛，則所謂支離破碎，正是一點一滴的求知求是，當更會篤實而有光輝，且其所成就者，亦儘會是另一番面目、另一個世界。此在今日，則只益見其博大。

上所稱「此謂知本」，程子曰：「衍文也。」下所稱「此謂知之至也」，朱子註稱：「此句之上，別有闕文，此特其結語耳。」然苟以全歸性情為知本，則知全歸於至性，知全歸於至情，這自會是知之至。而知全歸於眞性，知全歸於眞情，亦是知之至；知全歸於人性，知全歸於人情，亦是知之至；知全歸於天性，知全歸於深情，亦是知之至；知全歸於本性，知全歸於實情，亦是知之至；知全歸於直性，知全歸於悲情，自亦是知之至；知全歸於仁性，知全歸於慈情，自亦是知之至；若夫知全歸於如如之性，知全歸於一一之情；知全歸於超越之性，知全歸於涵蓋之情，亦未始不是知之至。由此而言，知全歸於性情，即知全歸於神性，即知全歸於聖情，這自是知之至；知全歸於性情，即知全歸於穆穆綿綿之性，即知全歸於純亦不已之情，這自是知之至。知全歸於性情，即全知其性之至大至剛，即全知其情之本柔本和。這固無不是知之至。從而知全歸於性情，即眞知率其性，眞知達其情，這難道還不是知之至麼？陽明於人問大學與中庸同異之際，回答道：

「子思括大學一書之義，為中庸首章。」

果眞如此，則此「全歸於性情」之知本，而即為知之至，便亦不妨為中庸之首章，以括大學一書之義。且即可不妨直言其「此謂物格，此謂知之至也」。如此，則所謂全歸於性情，便亦即爲全歸於「雷雨之動滿盈」之性，便亦即爲全歸於兼山艮止之情，因亦自然物格而後知至了。

（二）

所謂誠其意者，毋自欺也。如惡惡臭，如好好色，此之謂自謙。故君子必慎其獨也。小人閒居為不善，無所不至；見君子而後厭然，揜其不善，而著其善。人之視己，如見其肺肝然，則何益矣？此謂誠於中，形於外，故君子必慎其獨也。曾子曰：「十目所視，十手所指，其嚴乎？」富潤室，德潤身，心廣體胖。故君子必誠其意。

自欺，只是不能性情作主，只是不能自主。能性情作主，能自主，便自能如惡惡臭，如好好色，便自能自謙。自謙只是自主，只是自快，只是自足。而愼獨，則只是愼其獨秉之性，只是愼其獨具之情，只是愼其獨知之明，只是愼其獨作之主，只是愼其獨有之機。故曰：

「所謂誠其意者，毋自欺也。」

此在朱子之註，則爲：

「誠其意者，自修之首也。毋者，禁止之辭。自欺云者，知爲善以去惡，而心之所發有未實也。謙，快也，足也。獨者，人所不知，而己所獨知之地也。言欲自修者，知為善以去其惡，則當實用其力，而禁止其自欺，使其惡惡則如惡惡臭，好善則如好好色，皆務決去，而求必得之，以自快足於己，不可徒苟且以徇外而為人也。然其實與不實，蓋有他人所不及知，而己獨知之者。故必謹之於此，以審其幾焉。」

於此，「誠其意者，自修之首也」，亦正是「誠其意者」，乃一個人的自修之一大把柄，亦即一個人在道德的實踐上，進而為政治的實踐上，以至於一切的實踐上，所應具備之一大把柄。由此而只是實踐，只是永續不斷而無一息之或懈地以實踐，而見其實性，見其實情，見其實心，見其實力，見其實效，這便是由毋自欺，以至自謙。其實與不實，則視其能否全歸性情，能否自作主宰。其幾至微，而其所關則至大。故不誠無物。凡不誠其意者，即違其性，乖其情，失其幾，而空無所主，不成東西。不成東西，即是無物。無物即是不存在。而一己之存在與否，亦惟一己之所獨知。如真知一己之存在，即不致徒苟且以徇外而為人。不徒苟且以徇外而為人，則自只有全歸於一己之性，只有全歸於一己之情，如此方是全歸於一己之實，全歸於自己作主。此則他人無可如何，而己則獨能為力，非僅為己獨知之。故必謹之於此，以審其幾。

* * * * *

「誠於中」，即有主於中。「形於外」，即有物於外。而性明於內，則誠於中；情見乎辭，則形於外。「小人閒居爲不善，無所不至」，只是失其本心，失其本性。「見君子而後厭然，揜其不善，而著其善」，則只是包包裹裹，而掩其眞情。失其本心，失其本性，即無明於內，無主於中。包包裹裹，掩其眞情，即全是空虛，全是醜態。愈是醜態百出，則「人之視己」，愈是「如見其肺肝然」。至此，便不僅無益，而且徒勞；不僅徒勞，而且日拙。日拙只是日喪其一己。此則必須慎其獨，方可免於日喪其一己。故曰：

「君子必愼其獨也。」

此在朱註，則稱：

「閒居，獨處也。厭然，消沮閉藏之貌。此言小人陰爲不善而陽欲揜之，則是非不知善之當爲，與惡之當去也，但不能實用其力，以至此耳。然欲揜其惡，而卒不可揜；欲詐爲善，而卒不可詐，則亦何益之有哉？此君子所以重以爲戒，而必謹其獨也。」

於此，「閒居」，只是無事。於此，「獨處」，只是無力。只因無事，便爲不善；只因無力，便「無所不至」。閒居無事，則不善乘虛而入；獨處無力，則萬惡由弱而來。這便須「必有事焉」，方是眞知「善之當爲」；這便須必有力焉，方是眞知「惡之當去」。實有其事，方能成其大。「實用其力」，方能作得主。成其大，便無須揜其惡，而惡自無。作得主，便無須詐爲善，而善自至。反之，不成其大，即成其小；作不得主，即只好「厭然」。因此之故，小人便只是小人，而君子便自爲君子。於此重以爲戒，自必益謹其獨。此則須謹其獨知之地，猶須謹其獨處之時。

* * * * *

於此以言「獨處之時」，又何嘗眞會是獨處之時？獨處之時，我雖是一；然一切決定一，亦復一決定一切。一會是一個獨體，亦會是一個太極，亦會是一個宇宙。人各一獨體，人各一太極，亦即人各有一個體，人各有一宇宙。在此獨處閒居之際，你會關聯著一個世界，關聯著萬彙萬物，關聯著所有的人們所有的事。而一個世界，亦正會關聯著你；萬彙萬物，亦正會關聯著你；所有的人們和所有的事，亦正會關聯著你。而且這關聯，還會是極其密切的關聯；這關聯，還會是極其嚴肅的關聯。此所以曾子曰：

「十目所視，十手所指，其嚴乎？」

此在朱子之註，則認爲是：

「引此以明上文之意，言雖幽獨之中，而其善惡之不可揜，如此可畏之甚也。」

此對小人之獨處閒居言，自是如此。然就君子於獨處閒居之際以言，則十目所視，只是視其關聯之密切；十手所指，只是指其關聯之嚴肅；而不能不有其一己之嚴肅的意義與使命，不能不有其一己之精神的絕對與客觀。就其讓一決定著一切上說，那是絕對化其一己之精神，並儘有其於閒居獨處之時，而「覿體承當」之一己嚴肅的意義。就其讓一切決定著一上說：那是客觀化其一己之精神，並儘有其於閒居獨處之際，而胞與爲懷之一己嚴肅的使命。這當然也是「可畏之甚」，而不能不令人慄然。

＊＊＊＊＊

「富有之謂大業，日新之謂大德」。大業所以宏其世界，因亦潤其居屋。大德所以新其民人，因亦潤其身體。若連其屋亦不能潤，則自非富。若連其身，亦不能潤，則自非德。富潤屋，則軒昂華貴；德潤身，則豁達雍容。豁達則心廣，雍容則體胖。此皆全歸於性情之所致。而於此，則形於外，必誠於中。此所以說：

「故君子必誠其意。」

此據朱子之註，則爲：

「胖，安舒也。言富則能潤屋矣，德則能潤身矣。故心無愧怍，則廣大寬平，而體常舒泰，德之潤身者然也。蓋善之實於中，而形於外者如此，故又言此以結之。」

於此，潤屋，則屋廣大；但屋之廣大，終不若心之廣大，於此，潤屋，則屋寬平；但屋之寬平，終不若心之寬平。故富潤屋，終不若德潤身，於此，潤身，則體安舒；但體之安舒，終不若心之無愧怍。於此，潤身，則體泰然；但體之泰然，終不若心之淡然。故德潤身，終於是心爲德。心之爲德，便是實有其善於中；便莫非是性情，而由性情中行；故自然形於外者如此。

朱子於此附語云：

「經曰：欲誠其意，先致其知。又曰：知至而後意誠。蓋心體之明，有所未盡，則其所發，必有不能實用其力，而苟焉以自欺者。然或已明而不謹乎此，則其所明，又非己有，而無以爲進德之基。故此章之指，必承上章而通考之，然後有以見其用力之始終。其序不可亂，而功不可闕如此云。」

就「序之不可亂，而功之不可闕」而言，則「即物而窮其理」，即須緊接著「即心而致其知」。而緊接著「即心而致其知」，自須更緊接著「即意而求其誠」。此所以誠意在這裏是一個大把柄。有此大把柄，始可以實用其力，並可以眞見其力。有此大把柄，始可以實爲己有，並可以自作主宰，果眞見其力，這便會「誠之所至，金石爲開」。果自作主宰，這便會「只見其進，不見其止」。由「誠之所至，金石爲開」，而自強不息，這便會至誠如神。由「只見其進，不見其止」，而於穆不已，這便會「天生德於予」。於此由明而誠，便一轉而爲由誠而明。故知至而後意誠，而至誠又可前知。惟以言其用力之始終，則其序終是不可亂，而其功亦終是不可闕如此，方爲進德之基。於此說「毋自欺」，便下括格物致知。

（三）

所謂修身在正其心者：身有所忿懥，則不得其正；有所恐懼，則不得其正；有所好樂，則不得其正；有所憂患，則不得其正。心不在焉，視而不見，聽而不聞，食而不知其味。此謂修身在正其心。

我們亦可以說：有所忿懥，則心在忿懥。心在忿懥，則心失其均衡。心失其均衡，則心便不能在其位。心不在其位，則即不得其正。有所恐懼，則心在恐懼。心在恐懼，則心失其均衡。心失其均衡，則心便不能在其位。心不在其位，則即不得其正。有所好樂如此，有所憂患亦然。而所謂心不在焉，則正是心不在其中。心不在其中，心即失其和。心一失其和，心即失其明；心一失其明，即視而不見。心不在其中，心即失其序。心一失其序，心即失其聰。心一失其聰，即聽而不聞。心不在其中，心即失其靈。心一失其靈，心即失其和。心一失其和，即食而不知其味。凡此心不在其中，亦正是心不在其位，而不能得其正。此所謂「身有所忿懥」等之身，據程子曰：

「當作心。」

朱註稱：

「忿懥，怒也。蓋是四者，皆心之用，而人所不能無者。然一有之，而不能察，則欲動情勝，而其用之所行，或不能得其正矣。」

忿懥，恐懼，好樂與憂患四者，既「皆爲心之用，而人所不能無者」，惟於此能察其理之當否，則即用不累其體，體不失其性；而此情之發，便無不是性情之發；既不是動於欲，亦即不致爲情所勝、爲氣所使。如此，則「有所忿懥」，心即仍是在其位，而不在忿懥。故「怨而不怒」。如此，則「有所恐懼」，心即仍是在其位，而不在恐懼。故「臨危而懼，好謀而成」。如此，則「有所好樂」，心即依然是在其位，而不在好樂。故「樂而不淫」。如此，則有所憂患，心即同樣是在其位，而不在憂患。故「哀而不傷」。凡此固全都是心得其均衡，全都是心得其正。彼「其用之所行，或不能得其正」者，會都只是用累其體，體失其性，而此情之發，並不即是性情之發。故於此全歸於性情，亦即是全歸於正。

所謂「心不在焉」等語。朱註爲：

「心有不存，則無以檢其身。是以君子必察乎此，而敬以直之，然後此心常存，而身無不修也。」

於此，心有不存，就是心有所奪。心有所奪，就是心有所不一。心有所不一，就是心有所不能簡單化。而敬以直之，正所以使其簡單化到一點，而恆存其中。如此便又只是性情作主。只性情作主，以檢其身，則即身無不修。存其心，即正其心。故曰：

「此謂修身在正其心。」

朱子於此附語曰：

「此亦承上章以起下章。蓋意誠則眞無惡，而實有善矣。所以能存是心，以檢其身。然或但知誠意，而不能密察此心之存否，則又無以直內而修身也。」

由此而言，能密察此心之存否，以使心在其位，心存其中，而獲其心之均衡，而獲其心之正，這便又是一個眞把柄。這是由「即物而窮其理」，即緊接著「即心而致其知」。又由即心而致其知，而更緊接著「即意而求其誠」。終由此「即意而求其誠」，而更密切接著「即心而求其正」。這是使物全歸於知，使知全歸於誠，使誠全歸於正。這亦就是全歸於性情之正，全歸於性情之貞，而一切由性情作主，由性情行事。於此一正，一切正；一貞，一切貞。於此，身爲性情中身，物亦爲性情中物。從而人間爲性情中的人間，天地爲性情中的天地。人在天地之中，便只是在此性天與情地之中。家國天下，於此而一歸於性情。這即是正心以正己，正己以正物。正己所以成己。正物所以成物。成己成物，亦正就是成天成地。而成天成地，又終不過是「成性存存」。於此，而心中悄然，而又綿綿，而又穆穆，便是其內之直，便是其身之修。若於此「而不能密察此心之存否」，那便自然會如朱子之所言：「則又無以直內而修身也。」

（四）

所謂齊其家在修其身者：人之其所親愛而辟焉，之其所賤惡而辟焉，之其所畏敬而辟焉，之其所哀矜而辟焉，之其所敖惰而辟焉。故好而知其惡，惡而知其美者，天下鮮矣。故諺有之曰：「人莫知其子之惡，莫知其苗之碩。」此謂身不修不可以齊其家。

一到了齊家，便須有其一己之客觀化。歸於獨體，儘可以有其絕對化。但歸於群體，則不能不有其客觀化。而家便就是群體之一環。此群體之一環，是一個血肉的實體。由此而擴至於一國，乃群體之一大環。此群體之一大環，則不能不進而為一精神之實體。

就一個血肉的實體而言，會總是情勝於理，並亦應情勝於理。而為欲救此情勝於理之弊，則必須先有其身之歸於理性。此身之歸於理性，便即是讓其一己在家庭之中，予以客觀化。惟如此一來，則又每每是理勝於情，此又是一弊。究如何使此血肉的實體，真成為一性情之實體，使「其儀不忒」，這便有無窮無盡的周折。只說須有其一己之客觀化，實是依然不足以言齊家。但「人之其所親愛而辟焉，之其所賤惡而辟焉，之其所畏敬而辟焉，之其所哀矜而辟焉，之其所敖惰而辟焉」，若無其一己之客觀化，又如何能處理此群體之一環，即所謂家呢？

就一個血肉的實體而言，「人莫知其子之惡」，乃正所以全其親子之情。若求知其子之惡，便必繼以責善之心。而「父子之間不責善，責善則離，離則不祥莫大焉」，這便無法維繫此一血肉的實體，這正是齊家反所以喪其家。但不知其子之惡，深蹈溺愛之不明，則此血肉之實體，便又將成爲一無明之實體，而無窮無盡的憂悲苦惱，必將隨之而至。於此，身則只有自修其身，而教則只有「易子而教」。在主觀上是自修其身，在客觀上是易子而教。這對讓其一己有其客觀化而言，便又是客觀裏儘有其主觀，而主觀裏又儘有客觀。似此一己之客觀化，應用於家庭之內，自又是一種只在主客之際的客觀化。這是在性情之際，這是至爲難言的。然對齊家而言，仍只有修身，並無他法。在此等處，雖是亦有所謂「家法」，但家法終有異於國法，終有異於法，如語其實，仍只是修身之法。此之謂：

「齊其家，在修其身。」

以言修身，則「人之其所親愛」，「之其所賤惡」，「之其所畏敬」，「之其所哀矜」，與「之其所敖惰」，自皆不能「辟」，亦不應「辟」。在此朱註則稱：

「人，謂眾人。之，猶於也。辟，猶偏也。五者在人，本有當然之則。然常人之情，惟其所向，而不加察焉，則必陷於一偏，而身不修矣。」

於此，常人之情，亦正是家人之情。家人之情，總常是惟其所向，而不能加察，此所以終陷於一偏。故在家而能修其身，而能不陷於一偏，其勢尤難。此所以「不捨進以為道」，較之「捨離以為道」，其事尤難，而在家尤甚。彼「好而知其惡，惡而知其美者」，天下固鮮；而在家庭骨肉之際，「好而知其惡，惡而知其美者」，則絕不易見，即見之，亦不足貴，不足取。蓋在家庭骨肉之際，好則何能知其惡？且何可知其惡？而知其美，即不能更惡，且何可更從而惡？於此，淺薄的理智主義，自不足以語於家人，因亦不足以語於在家而修其身者。在家而修其身者，必須見其性情。且亦必須眞見其性情，方能：

「好而知其惡，惡而知其美。」

如此，見其性情，即歸於性情。必歸於性情，方足以言「人莫知其子之惡，莫知其苗之碩」之非。於此朱子之所註，則為：

「溺愛者不明，貪得者無厭，是則偏之為害，而家之所以不齊也。」

凡所謂「歸於性情」，自都是全歸於性情之正，自都是全歸於性情之貞。如此以言「愛」，愛亦是清明在躬。如此以言「得」，得亦是清明在躬。不捨離，不會是溺，更不會是貪，因亦不復是偏，而只是中，只是道。若捨離以為道，其道自易得多多。此道雖可直下免於「偏之為害」，但此不偏，終不足以語「時中」，終不足以語愛而不溺，終不足以語得而不貪。「而家之所以不齊」，亦終不足以由此而免。

只全歸於性情之正，全歸於性情之貞，而能不捨離以為道者，方眞是身修。不全歸於性情之正，不全歸於性情之貞，或只是捨離以為道者，終會是身不修。如此，自不足以言齊家，故曰：

「身不修，不可以齊其家。」

第四講

性情中事

（一）

所謂治國必先齊其家者，其家不可教而能教人者，無之。故君子不出家而成教於國。孝者，所以事君也；弟者，所以事長也；慈者，所以使眾也。《康誥》曰：「如保赤子」，心誠求之，雖不中不遠矣。未有學養子而後嫁者也。一家仁，一國興仁。一家讓，一國興讓。一人貪戾，一國作亂。其機如此；此謂一言僨事，一人定國。堯、舜帥天下以仁，而民從之；桀、紂帥天下以暴，而民從之；其所令反其所好，而民不從。是故君子有諸己而後求諸人；無諸己而後非諸人。所藏乎身不恕，而能喻諸人者，未之有也。故治國在齊其家。《詩》云：「桃之夭夭，其葉蓁蓁；之子于歸，宜其家人。」宜其家人，而後可以教國人。《詩》云：「宜兄宜弟。」宜兄宜弟，而後可以教國人。《詩》云：「其儀不忒，正是四國。」其為父子兄弟足法，而後民法之也。此謂治國在齊其家。

通常眞能左右一己，就可以左右天下。而眞能安排得一家，自更可安排得一國。在家人骨肉之間，若眞能安排得好，就儘可以見出大性情。能見出大性情，就可以見出大本領，以此而旋乾轉坤，實並非難事。反之，則：

「其家不可教，而能教人者，無之。」

在這裏，所謂「其家不可教」，自然是由於其身之不修。既然其身不修，便即不足以言左右一己。不能左右一己，即不能安排一己。不能安排一己，即一己頓失其教。一己頓失其教，自不足以教人。於此朱註稱：

「身修，則家可教矣。」

在性情之際，會總是神感神應。因此之故，有性情之家園，即有性情之國土。有性情之國土，便即成其性情之教於國人。因此說：

「故君子不出家，而成教於國。」

此不出家，實即是成教於家。而所謂成教於家，亦只是性情充塞於一家。既性情充塞於一家，便自性情瀰漫於一國，並可無所底止。

而所謂性情充塞於一家，究亦不過是任其一家置於孝弟慈之中。置一家於孝弟慈之中，而有其性情之充塞；則置一國於孝弟慈之內，便必有其性情之瀰漫。於此便是：

「孝者，所以事君也；弟者，所以事長也；慈者，所以使眾也。」

朱註於此稱：

「孝弟慈所以修身而教於家者也，然而國之所以事君事長使眾之道，不外乎此。此所以家齊於上，而教成於下也。」

從個人的精神上說，孝是從下到上的一個精神的因次（Dimension），弟是從左到右的一個精神的因次，慈則是從前到後的一個精神的因次。如此以修身，則孝正是「老者安之」，慈正是「少者懷之」，弟正是「朋友信之」，這便當下就是天地氣象，當下就是聖人規模。如此以教於家，則家即由一血肉的實體，而眞成一性情的實體，家成而乾坤即定。如此以成教於國，則國即由通常自下到上，自左到右和自前到後的三因次之空間，而完成其爲一「三因次」的精神的實體，此則不僅使其國爲一偉大無比的國，而且儘可使其國成一永恆不朽的國。

就大學之三綱領而言，則孝弟爲仁之本，這就是「在明明德」；慈則「如保赤子」，這就是「在親民」；而極盡此孝弟慈之實踐之道，這就是「在止於至善」。

就大學八條目而言，則窮至孝弟慈之理，欲其極處無不到，這就是格物；致其孝弟慈之不慮而知之良知，這就是致知；誠其孝弟慈之不學而能之至意，這就是誠意；正其孝弟慈之覿體丞當之本心，這就是正心；修其孝弟慈之「萬物皆備於我」而絕難再得之一身，這就是修身。由此而孝弟慈行於一家，這就是齊家。由此而孝弟慈及於一國，這就是治國。由此而孝弟慈明於天下，這就是平天下。蓋孝弟慈行於一家，便即性情之教，立於一家；如此家便即爲「積善餘慶」之家，而所謂齊家，正是興家。孝弟慈及於一國，便即性情之教，成於一國；如此國便即爲「協和萬邦」之國，而所謂治國，正是定國。孝弟慈及於天下，便即性情之教，宏於天下；如此天下便即爲「萬國咸寧」之天下，而所謂平天下，正是明明德於天下。此則以一身而爲一家，又由以中國爲一人，而以爲天下爲一家。故達此孝弟慈之道，即成性情之教。成此性情之教，即天下歸仁。

達此孝，以事君，則此孝之本身，即有其超越性；而君之本身，亦復有其親和性。達此弟，以事長，則此弟之本身，即有其客觀性；而長者之本身，亦復有其安祥性。達此慈，以使眾，則此慈之本身，即有其涵蓋性；而眾人之本身，亦復有其嚴正性。而有其超越性之孝，則更會使孝者獲其內心之平安；有其親和性之君，則更會使此君者自感其使命之重大。而有其客觀性之弟，則更會使弟者獲其肝膽之相照；有其安祥性之長，則更會使此長者自感其責任之沉重。而有其涵蓋性之慈，則更會使慈者獲其心胸之豁達；有其嚴正性之眾，則更會使此眾人自感其義務之須盡。由此而性情接觸著性情，便自然會成就著一個人間，成就著一個世界，成就著一個人生，成就著一個宇宙，亦即成就著一切。此則不僅如朱子所云「此所以家齊於上，而教成於下」了。明儒羅近溪特揭此孝弟慈三字，以爲宗旨，以爲把柄，這實是一方面使其師王陽明良知之教，扣緊著天理，而另一方面亦正所以使大學一書，能盡歸於實。

家求其齊，那只是「心誠求之」。國求其治，那亦只是「心誠求之」。有「如保赤子，心誠求之」之誠，則不失其赤子之心於君父，便即是孝；不失其赤子之心於兄長，便即是弟；不失其赤子之心於使眾，便即是慈。而不失其赤子之心，則只是不乖其性，不乖其情。而如保赤子，心誠求之，則又自然不致乖其性，乖其情。如此，則雖不中，便即不遠。這正是不慮而知，故曰：

「心誠求之，雖不中不遠矣，未有學養子而後嫁者也。」

朱註於此稱：

「此引書而釋之，又明立教之本，不假強爲，在識其端而推廣之耳。」

只孝弟慈，便不乖其性，不乖其情。只不乖其性，不乖其情，便識其端。只識其端，而推廣之，便明其本。只明其本，而心誠求之，便不假強爲。而不假強爲，則教自立，則教自成。此所謂教，自又無非是性情之教。

＊　＊　＊　＊　＊

既無非是性情之教，則一家仁、一國便自然興於仁。家有慈父，家有孝子，家有弟道，這便是「一家仁」。而家家有慈父，便即國有仁君；家家有孝子，便即國有仁人；家家有弟道，便即國有仁賢。國無仁賢，其國空虛；而國有仁賢，仁人與仁君，便自「一國興仁」。

既無非是性情之教，則一家讓，一國便自然興於讓。慈則少者懷之，這是讓其懷以懷少。孝則老者安之，這是讓其心以安老。弟則朋友信之，這是讓其肝膽以照人。這便自然是「一家讓」。而家家能讓其懷之慈以懷少，家家能讓其心之孝以安老，家家能讓其肝膽之弟以照人，則正是「一國興讓」。

既無非是性情之教，則一草一木，固皆應有其性情之安頓。於此，如有其一人在上者之貪戾，便即無由使萬物各得其所。既無由使萬物各得其所，那便是天地閉。既已是天地閉，那便會賢人隱。而「國無仁賢，其國空虛」，自必招至草木之皆兵，與夫一國之離亂。蓋性情之貪，便即是性情之乖；而性情之戾，便即成性情之災。這自無怪乎「一國作亂」。於此，機只是性情之機。由性情之機，而成性情之勢，則勢之所至，自可以「一言僨事」，亦自可以「一人定國」。此據朱註之所稱，則爲：

「一人，謂君也。機，發動所由也。僨，覆敗也。此言教成於國之效。」

教成於國，即勢成於國；勢已成，即成就一切。教毀於國，亦可勢成於國；然此勢一成，則即覆敗一切。其成其敗，實在其機。其機極微，而其發則至大。此性情之教之所以難言，亦所關至大。

＊　＊　＊　＊　＊

既性情之機極微，而所發至大，又所關至大，則帥天下可以其性情之正，帥天下亦儘可以其性情之乖。此帥天下以其性情之正，即是帥天下以仁。此帥天下以其性情之乖，即是帥天下以暴。性情有其正反之兩面，因而精神亦有其正反之兩面。精神有其正反之兩面，因而文化亦有其正反之兩面。文化有其正反之兩面，因而歷史亦有其正反之兩面。既歷史有其正反之兩面，則天下自亦有其正反之兩面。孟子曰：「道二：仁與不仁。」此則道亦儘有其正反之兩面。於此，堯舜之帥天下以其性情之正，便即是以其正面之精神，形成正面之文化，造成正面之歷史，讓一正面之天下，循其正面之道，即仁道，以達成其對生命之安頓，對性情之安頓，對心靈之安頓，與夫對一切之安頓。而此安頓，又只不過是讓生命安頓著生命，讓性情安頓著性情，讓心靈安頓著心靈，讓一切安頓著一切，故又儘可以垂衣裳而治天下，與夫篤恭而天下平。於此，桀帥紂天下以其性情之乖，便即是以其反面精神，形成反面或邪惡之文化，造成反面或曲折之歷史，讓一反面或無明之天下，循其反面或撒旦之道，即不仁之道，以達成其對生命之玩弄，對性情之摧毀，對心靈之窒息，與夫對一切之摧殘。而此對其生命之玩弄，以語其實，又只不過是一己玩弄得一己的生命。而此對性情之摧毀，以語其實，又只不過是一己摧毀著一己的性天。而此對心靈之窒息，以語其實，又只不過是一己窒息著一己的心血。而此對一切之摧殘，以語其實，又只不過是一己摧殘著一己的一切。故儘可以成其為一「殘賊之人」，而為天下之所共棄，而為天下之所共誅。由前而言，那是一人定國。由後而言，那是一念喪身。而一人之仁與暴，又只繫於一念之正與反。正則民從之正，反則民從之反。惟正則可以正天下，平天下；反則適足以反自己，毀自己。

所謂「其所令反其所好，而民不從」，那只是由於正則不致使民從而至於反，反則不能使民從而至於正。正是有諸己，反亦是有諸己。正有諸己，方可求諸人之正。反有諸己，方可求諸人之反。正是「反」的無諸己，反是「正」的無諸己。反的無諸己，方可非諸人之反。正的無諸己，方至非諸人之正。而君子則必「有諸己，而後求諸人；無諸己，而後非諸人」。

所謂「藏乎身不恕」，就是不實有其性情之正，不實有其正面之精神，不實有其正面之生命，不實有其正面之心血，不實有其正面之肝膽，以推己及人。如此而仍欲期諸他人和曉諸他人以實有其性情之正，而獲其正面之精神，正面之生命，正面之心血，正面之肝膽，自是絕不可能之事。故曰：

「所藏乎身不恕，而能喻諸人者，未之有也。」

此在朱子之註，則為：

「此又承上文一人定國而言。有善於己，然後可以責人之善；無惡於己，然後可以正人之惡。皆推己以及人，所謂恕也。不如是，則所令反其所好，而民不從矣。喻，曉也。」

於此，有善於己，即有善於家。有善於家，即有善於國。有善於國，即有善於天下。這就是一善之流行，亦即是一天理之流行。有一善之流行，自可以「責人之善」；有天理之流行，自可以期人之正。無惡於己，即無惡於家。無惡於家，即無惡於國。無惡於國，即無惡於天下。這便是無明之去除，亦即是心靈之醒覺。有無明之去除，自可以「正人之惡」；有心靈之醒覺，自可以期人之明。而可以期人之明，便即是喻諸人，曉諸人。

＊　＊　＊　＊　＊

齊家須有其一己之客觀化，須有其一己客觀精神之顯現。而治國則更須有其一己之客觀化，更須有其一己客觀精神之顯現。然在齊家中之一己客觀化，與夫其一己客觀精神之顯現，因其間的夾雜與糾纏以及曲折和委婉，實更不易，而其特須「致曲」之處，亦每更多於其他任何方面。若眞能齊家，則治國便只是一直下來的事，和一己之一直的客觀化，以及其一己客觀精神之一直的顯現。由此便即可以說：

「故治國在齊其家。」

若於此而置疑而齊家者不一定能治國，而治國者亦不一定能齊家，此則是屬於才性上的問題，而不是屬於原則上的問題。從理上說，從原則上說，總會是治國在齊其家，齊家是一個下手處。而人人都齊其家，則國即不治而治。論語載：

或謂孔子曰：「子奚不爲政？」子曰：「《書》云：『孝乎惟孝，友於兄弟，施於有政。』是亦爲政，奚其爲爲政？」

只要大家都從家庭著手，這便必然會奠定著國家的基石。當一個人離開家庭之際，會更懷念著家庭。當一個人否定著家庭之際，會更需要著家庭。家庭並不僅僅是居住的地方，家庭亦不僅僅是生活的所在。如果這樣，則家庭便早被其他的事物所替代了。只因爲家庭是血肉的所在，是倫常的所在，是性情的所在，所以家庭便絕不能被任何的名目所變更。這是血肉的實體，這是倫常的實體，這是性情的實體，因此，就是一個永恆的實體。你只要否定它，那就是否定著一個永恆的存在，如此，也就是否定了一己的眞實的存在。一己的眞實存在，是存在於與一切的關聯中，而血肉的關聯，倫常的關聯，與夫性情的關聯，則更是一個最密切的關聯，一個最重大的關聯。因而亦正是一個最眞實的關聯。否定這一個最眞實的關聯，就是打斷這一個最眞實的關聯；打斷這一個最眞實的關聯，就是打斷一個人的對一切的關聯。

如此一個人，便只是孤伶伶的一個人。孤伶伶的一個人，就是「無告」的一個人。「無告」的一個人，就是赤裸裸的一個人。赤裸裸的一個人，就是「不存在」的一個人。程伊川有言曰：

「以此而言，人在天地間，可謂孤立。」

在這裏，所謂「孤立」，那是另一個意義，那還不會是赤裸裸，那還不會是「無告」，因此，亦還不會是一下子打斷了一切的關聯，否定了一己的存在。只有否定著家庭的人，那才眞的是否定了一己的存在。

既然絕對不應否定著一己的存在，自然絕對不應否定著一己的家庭。既然絕對不應否定著一己的家庭，自然絕對有其肯定著齊家之必要。既然絕對有其肯定著齊家的必要，則奠定其國家之基石於人人各齊其家之上，俾由此一血肉的實體，由此一倫常的實體，由此一性情的實體，進到一精神的實體，而實治其國，自然亦有其絕對的必要。由此便更可說：

「故治國在齊其家。」

朱註於此稱此言爲：

「通結上文。」

而以上之所言，固皆是一個人的齊家之大道，而亦皆可爲一個人的治國之大道。

＊　＊　＊　＊　＊

《詩經．周南．桃之夭夭》篇所稱：「桃之夭夭，其葉蓁蓁；之子于歸，宜其家人」，此據朱註為：

「夭夭，少好貌。蓁蓁，美盛貌。興也。之子，猶言是子，此指女子之嫁者而言也。婦人謂嫁曰歸。宜，猶善也。」

在這裏，會使人們興起的是：在桃之夭夭裏，正不妨設想著花朝裏的清露；在其葉蓁蓁裏，正不妨設想著仲夏裏的蟬聲。而所謂少好，則又正是這清露洗過了的儀態；而所謂美盛，則又正是這蟬聲滲透著的風姿。這裏所表白著的，只是一個性格；這裏所顯示著的，只是一個性情。而之子于歸，便頓增了一個人間的整個性格的光彩，頓增了一個人間的整個性情的光輝。由此以宜其家人，由此以善其家人，這自會是不成問題的。

既已宜其家人，便即宜其人人。舉凡性格的光彩照人，會都是無有底止的。

既已善其家人，便即善其人人，舉凡性情的光輝淑世，會都是無有底止的。

此所以說：

「宜其家人，而後可以教國人。」

而宜其家人，正所以善其家人。善其家人，正所以齊其家人。由此而可以教國人，亦即是所以治國人。

《詩經・小雅・蓼莪》篇復稱之云：

「宜兄宜弟。」

這宜兄宜弟，亦就是宜長宜幼。既宜長宜幼，便自宜左宜右。如此亦即是宜其人人，宜其一切。這亦同樣是由於性格的光彩照人，無有底止。

就「宜猶善也」而言，則善兄善弟，亦正是善長善幼。既善長善幼，亦自善左善右。如此亦即是善其人人，善其一切。這亦同樣由於性情的光輝，儘可以淑世，而不致有所底止。

此所以又說：

「宜兄宜弟，而後可以教國人。」

在這裏，宜兄亦正由於孝弟之義，而宜弟則正是由於慈愛之懷。此則儘有其孝弟慈之實，故亦儘可由此以教家人而家齊，以教國人而國治。

《詩經・曹風・鳲鳩》篇亦有詩云：

「其儀不忒，正是四國。」

此據朱子之註稱：

「忒，差也。」

既其儀不差，這便風範蓋世。既風範蓋世，這便性情利貞。於此，「利貞者，性情也」，性情之貞，則正是四面八方之貞。而四面八方之貞，就是舉國上下之貞。此所以說：

「正是四國。」

通常言之，「其儀不忒」，就是一身之正。而正其一身，即是正此一家。由此而成教於國，便亦即爲：

「正是四國。」

於此，所謂成教於國，自然是爲法於民。而所謂爲法於民，自然是由於其「孝」，足爲天下之爲人子者所取以爲法；自然是由於其「慈」，足爲天下之爲人父者所取以爲法；自然是由於其「弟」，足爲天下之爲人兄弟者所取以爲法。此所以說：

「其爲父子兄弟足法，而後民法之也。」

通常言之，其爲父子兄弟足法，自然是法其儀之不忒。由此而民能法之，便即「正是四國」了。惟其儀之不忒，亦正爲其身之正；其身之正，亦正爲其性情之貞；其性情之貞，亦正爲其孝弟慈之足法。凡此固無非是：

「此謂治國在齊其家。」

於此，朱註更稱：

「此三引詩，皆以詠歎上文之事，而又結之如此。其味深長，最宜潛玩。」

此則因潛玩上所引之三詩，才涉及「桃之夭夭」，便儘可令人領略到一種性情的無上的美；才涉及「宜兄宜弟」，便儘足令人感覺到一種性情的無窮的善；才涉及「其儀不忒」，便儘會令人接觸到一種性情的無比的眞。以此而落實到治國在齊其家上，則是一種語言的無限的親切。

第五講

絜矩之道

（一）

所謂平天下在治其國者：上老老而民興孝，上長長而民興弟，上恤孤而民不倍。是以君子有絜矩之道也。所惡於上，毋以使下。所惡於下，毋以事上；所惡於前，毋以先後；所惡於後，毋以從前；所惡於右，毋以交於左；所惡於左，毋以交於右。此之謂絜矩之道。《詩》云：「樂只君子，民之父母。」民之所好好之，民之所惡惡之，此之謂民之父母。《詩》云：「節彼南山，維石巖巖；赫赫師尹，民具爾瞻。」有國者，不可以不慎；辟則為天下僇矣。《詩》云：「殷之未喪師，克配上帝；儀監于殷，峻命不易。」道得眾則得國，失眾則失國。是故君子先慎乎德。有德此有人，有人此有土，有土此有財，有財此有用。德者本也，財者末也。外本內末，爭民施奪。是故財聚則民散，財散則民聚。是故言悖而出者，亦悖而入；貨悖而入者，亦悖而出。《康誥》曰：「惟命不于常。」道善則得之，不善則失之矣。《楚書》曰：「楚國無以為寶，惟善以為寶。」舅犯曰：「亡人無以為寶，仁親以為寶。」《秦誓》曰：「若有一个臣，斷斷兮無他技，其心休休焉，其如有容焉。人之有技，若己有之；人之彥聖，其心好之，不啻若自其口出，寔能容之。以能保我子孫黎民，尚亦有利哉！人之有技，媢嫉以惡之；人之彥聖，而違之俾不通：寔不能容。以不能保我子孫黎民，亦曰殆哉！」惟仁人放流之，迸諸四夷，不與同中國。此謂惟仁人為能愛人，能惡人。見賢而不能舉，舉而不能先，命也。見不善而不能退，退而不能遠，過也。好人之所惡，惡人之所好，是謂拂人之性，災必逮夫身。是故君子有大道：必忠信以得之，驕泰以失之。生財有大道：生之者眾，食之者寡，為之者疾，用之者舒，則財恆足矣。仁者以財發身，不仁者以身發財。未有上好仁而下不好義者也。未有好義其事不終者也，未有府庫財非其財者也。孟獻子曰：「畜馬乘，不察於雞豚。伐冰之家，不畜牛羊。百乘之家，不畜聚斂之臣。與其有聚斂之臣，寧有盜臣。」此謂國不以利為利，以義為利也。長國家而務財用者，必自小人矣。彼為善之。小人之使為國家，災害並至，雖有善者，亦無如之何矣。此謂國不以利為利，以義為利也。

所謂平天下，那就是明明德於天下。明明德於天下，則天下歸仁。天下歸仁，則天下一家。而欲以天下爲一家，則必先以中國爲一人。此則「在治其國」。

而所謂「在治其國」，那就是在正其國。正乃方方正正。方方正正，則四方平直。四方平直，則四方均衡。四方均衡，則四方通達。而四方通達，便是道之大行。於此所謂「道」，則只是此通達，均衡，平直，以行於四方，而歸於方正之道。這亦即是所謂：

「絜矩之道。」

本此絜矩之道而言，則「上老老」，便即是一能通達，均衡，平直，以行於四方，而歸於方正之道。由此而上行下效，所有的人民，亦皆將齊老其老，故「民興孝」。

本此絜矩之道而言，則「上長長」，亦即是一能通達，均衡，平直，以行於四方，而歸於方正之道。由此而上行下效，所有的人民，亦皆將齊長其長，故「民興弟」。

本此絜矩之道而言，則「上恤孤」，亦莫不是一能通達，均衡，平直，以行於四方，而歸於方正之道。由此而上行下效，所有的人民，亦皆將齊好其慈，故「民不倍」。

君子自務通達，自務均衡，自務平直，以行於四方，而歸於方正。此所以君子必須有其絜矩之道。此在朱子之所註，則爲：

「老老，所謂老吾老也。興，謂有所感發而興起也。孤者幼而無父之稱。絜，度也。矩，所以爲方也。言此三者，上行下效，捷於影響。所謂家齊而國治也。亦可以見人心之所同，而不可使有一夫之不獲矣。是以君子必當因其所同，推以度物，使彼我之間，各得分願，則上下四旁，均齊方正，而天下平矣。」

彼「人心之所同」，即人性之所同。而人性之所同，亦即人情之所同。老而無告，乃人情之同所不堪。此所以老其老，乃人性之同所要求，並為人心之同所肯定。而於此能「老者安之」，則正所以同見聖人之襟懷。長而無敬，亦人情之同所不堪。此所以長其長，亦正為人性之同所要求，並為人心之同所肯定。而於此能從而「朋友信之」，則亦正所以同見聖人之肝膽。孤而無依，一樣為人情之同所不堪。此所以恤其孤，亦正為人性之同所要求，並為人心之同所肯定。而於此能進而「少者懷之」，則亦正所以見聖人之心血。既同見聖人之襟懷，則「上老老而民興孝」，自然是捷於影響。既同見聖人之肝膽，則「上長長而民興弟」，自然是捷於影響。既同見聖人之心血，則「上恤孤而民不倍」，亦自然是捷於影響。蓋此襟懷之所被，儘可以有其性情之安排，有其生命之安頓。而此肝膽之所照，亦儘可以有其性情之安排，有其生命之安頓。又此心血之所注，亦無不可以有其性情之安排，有其生命之安頓。如此自「不可使有一夫之不獲矣」。

「因其所同」，乃因其心之所同，因其性之所同，因其情之所同，亦即因其生命之所同，因其善之所同。能因其善之所同，便即「善與人同」。能「善與人同」，便自「推以度物」。能推以度物，便必有此心、此性、此情之通達，均衡，平直，以行於四方，而歸於方正之道。由此便自「彼我之間，各得分願」。能「彼我之間，各得分願」，那便是「各正性命」。既已「各正性命」，那便自然是：

「上下四旁，均齊方正，而天下平矣。」

＊　＊　＊　＊　＊

上下，前後，左右三者所構成的是一個三因次之空間。但這亦正是一個人所賴以生存的空間，這亦正是一個國家所由之而成立之空間。

對一個人所賴以生存的空間來說：那會充塞著一個人的生命在那裏，那會瀰漫著一個人的心靈在那裏，那會透露著一個人的性情在那裏，而絕對眞實。

對一個國家所由之而成立之空間來說：那亦正會充塞著一個國家的生命在那裏，那亦正會瀰漫著一個國家的心靈在那裏，那亦正會透露著一個國家的性情在那裏，而絕對不致虛假。

就因爲如此，我們就說「人者天地之心」。也因爲如此，我們就說：國家是一個精神的實體。

就人爲天地之心說，則此心之須顧照上上下下，是不成問題的；此心之須顧照前後左右，亦是不成問題的。蓋不如此，即無以盡其心。

就國家爲一精神之實體說，則此精神之實體之須顧照上上下下，亦是一自然的事體；又其須顧照前後左右，亦正是一自然的事體；蓋不如此，即無以見其爲一精神之實體，以及其精神之周流。

於此便儘有其絜矩之道，這即是：

「所惡於上，毋以使下。所惡於下，毋以事上。所惡於前，毋以先後。所惡於後，毋以從前。所惡於右，毋以交於左。所惡於左，毋以交於右。」

此據朱子之註，則爲：

「此覆解上文絜矩二字之義。如不欲上之無禮於我，則必以此度下之心，而亦不敢以此無禮使之。不欲下之不忠於我，則必以此度上之心，而亦不敢以此不忠事之。至於前後左右，無不皆然。則身之所處，上下四旁，長短廣狹，彼此如一，而無不方矣。彼同有是心而興起焉者，又豈有一夫之不獲哉？所操者約，而所及者廣，此平天下之要道也。故章內之意，皆自此而推之。」

一般言之，精神周流之道，就是盡心之道。盡心之道，就是性情之道。性情之道，就是生命之道。生命之道，就是恕道。恕道就是絜矩之道。而所謂絜矩之道，則只是將一個正方形，讓相對的兩邊，彼此相同，彼此相通，彼此相等，彼此相平行，因而彼此相稱，彼此相合，彼此相齊，彼此相均衡之道。如此一來，便前後左右，無不相聯；方方面面，無不相得。這亦就是眞正一體之道，這亦就是眞正一視同仁之道。惟其是一體之道，故儘可由此而以中國爲一人。惟其是一視同仁之道，所以又儘可由此而天下爲一家。於此，一切是無待而又有待。於此，一切是無對而又相對。無待是性情上的無待，是心靈上的無待。無待則當下即足，無待則儘是逍遙。有待是上有待於下，下有待於上；前有待於後，後有待於前；左有待於右，右有待於左。有待則一切相關，有待則儘是親切。無對是精神上的無對，是生命上的無對。無對則沖漠無朕，無對則儘是浩浩。相對是上相對於下，下相對於上；前相對於後，後相對於前；左相對於右，右相對於左。相對則萬象森然，相對則儘是穆穆。就「如不欲上之無禮於我，則必以此度下之心，而亦不敢以此無禮使之」而言，則禮是相對，而「以此度下之心」之心，仍是無對。於此，心之無對，便即是仁。就「不欲下之不忠於我，則必以此度上之心，而亦不敢以此不忠事之」而言，則忠是有待，而「以此度上之心」之心，仍是無待。於此，心之無待，便即是恕。仁是把心一敞，讓一切到我這裏來，所以是心之無對。恕是把心一推，讓一切從我這裏起，所以是心之無待。有此仁恕爲本，便自然「身之所處，上下四旁，長短廣狹，彼此如一，而無不方」。心之所同，正是心如其心，亦正是心心相映。由此而讓一切歸於此恕道之中，便即是所以使天下歸仁之道。這自然會有一切之興起，這自然會不致有一夫之不獲。在這裏，一切簡單化到極點，故所操者至約。在這裏，一切都在照顧之中，故所及者至廣。既以中國爲一人而治其邦國，便自以天下爲一家，而平此天下。凡此都只是一直推下來的事體。

＊　＊　＊　＊　＊

《詩經．小雅．南山有臺》之篇，所稱「樂只君子，民之父母」。這正是所謂「其仁如天」。而其所以能其仁如天，則又正因其能推拓得開。這有如其平如地，由東到西，由西到東，由北到南，由南到北，固無不可推此心，以使無「一夫之不獲」。於是天地由此而變化，草木由此而繁昌，風由此而調，雨由此而順，民由此而安，國由此而泰。

大凡推拓得開，便即能公其一己之好惡。能公其一己之好惡，即能正其一己之好惡。能正其一己之好惡，即能客觀化其一己之好惡。而能客觀化其一己之好惡，便即能「民之所好好之，民之所惡惡之」。

一己好惡之公，是一己之情不容已。一己好惡之正，是一己之性不容已。而一己好惡之客觀化，則是一己之心不容已。由此而「民之所好好之，民之所惡惡之」，便只見其性情滲透，心靈普現，而天理流行。

情之不容已，是情之純亦不已。性之不容已，是性之於穆不已。心之不容已，是心之清明不已。由此便自然到天理之流行不已。在這裏，好惡之公，全是自然；好惡之正，全是自然；好惡之客觀化，亦全是自然。而「民之所好好之，民之所惡惡之」，則亦無不全是自然。既全是自然，所以「樂只君子」，便亦自然而謂之爲民之父母。此在朱子之所註，則爲：

「言能絜矩，而以民心爲己心，則是愛民如子，而民愛之如父母矣。」

於此，絜矩只是推，推只是恕，恕只是仁。仁只是公好惡，正好惡，客觀化其好惡，而大其性情，大其心靈，大其生命。因之「以民心爲己心」，而「視民如殤」；因之以民命爲己命，而「愛民如子」。由此而一己之性情與全民之性情爲一，一己之心靈與全民之心靈爲一，一己之生命與全民之生命爲一，民自然會「愛之如父母」。

*　*　*　*　*

《詩經．小雅．節南山》之篇，所稱之「節彼南山，維石巖巖」，那正是顯示著人性上的一種極其莊嚴之相，那亦正是顯示著廟堂上的一種極其莊嚴之相。而赫赫師尹，則又正是一本其莊嚴無比之人性之美，而居於其莊嚴無比之廟堂之中，此所以是「民具爾瞻」。於此，一有偏邪，便失其人性之美，失其廟堂之尊。一失其人性之美，失其廟堂之尊，便失其人性之眞，失其廟堂之正。一失其人性之眞，失其廟堂之正，則失其人性之善，失其廟堂之質；而人性亦不復爲人性，廟堂亦不復爲廟堂。故偶一不愼，陷於偏邪，即爲天下所共棄，即爲天下所共戮。而所謂偏邪，只是不成其爲「方」。其所以不成其爲方，只是徇其一己之私，而失其好惡之公，失其好惡之正，失其好惡之客觀化。由此，便失其性情，失其心靈，失其生命，而爲人性之醜，而成廟堂之災，故「爲天下僇」。於此，朱註稱：

「節，截然高大貌。師尹，周太師尹氏也。具，俱也。辟，偏也。言在上者，人所瞻仰，不可不謹。若不能絜矩，而好惡徇於一己之偏，則身弒國亡，爲天下之大戮矣。」

此「不能絜矩」，即是不能推。此不能推，即是不能成其方。「在上者」，乃「人所瞻仰」。則不能成其方，便即須隱其形；而在其一己與人民之間，便形成一大黑暗之陰影。既形成一大黑暗之陰影，則在此一大黑暗之陰影中，便儘是一大黑暗之陰私。既儘是一大黑暗之陰私，則其好惡徇於一己之偏，便亦正爲其一己之一大無明的作用。而本此一大無明之作用，則即無由避免其一己與其周遭世界之絕對的對立，絕對的矛盾，與夫絕對的鬥爭。如此便必然是「非天下人負我，即我負天下人」。而當其「寧我負天下人，不可使天下人負我」時，便即天下紛然。但天下不能終於紛然而歸於整個毀滅，如此便只有其一己之「身弒國亡」。其絜矩之機，有關剝復，竟如此其大。

《詩經・文王》篇所稱之「殷之未喪師，克配上帝」，這正是表明著一個國家的主權之維繫，是根據著一個人的天命之有無；而一個人的天命之有無，則根據著一個人的道德之實踐。當其在道德之實踐上，有諸內，形諸外，而得眾，且一切使對方皆無可比擬之際，則對方失眾之後，雖原已承受著天命，亦難保此天命之不從而移轉於彼。此所以是「儀監於殷，峻命不易」。在這裏，得國與不得國的原則，便只是道德與不道德的原則。故由此詩之意，便必然獲如次之理，此即：

「道得眾則得國，失眾則失國。」

得眾是得其民。得其民，是得其民之心。得其民之心，是得其民之情。得其民之情，是得其民之性。得其民之性，是得其民之好惡之同。而所以能得其民之好惡之同，則必有其故，這即是道德的原則，存乎其間。

失眾是失其民，失其民，是逆其民之心。逆其民之心，是違其民之情。違其民之情，是拂其民之性。拂其民之性，是忽其民之好惡之同。而所以會忽其民之好惡之同，則亦必有其故，這即是不道德的原則，存乎其間。

於此，道德的原則與不道德的原則，亦全在其所以絜矩之道之有無。據朱註稱：

「師，眾也。配，對也。配上帝，言其為天下君，而對乎上帝也。監，視也。峻，大也。不易，言難保也。道，言也。引詩言此，以結上文兩節之意。有天下者，能存此心而不失，則所以絜矩而與民同欲者，自不能已矣。」

此乃存其道德的心，而不失其道德的主體性，一本其絜矩之道，俾與民有其好惡之同：在心靈上，打成一片；在性情上，打成一片；在生命上，打成一片。這便「自不能已」，這便自會由於不失其道德的主體性，而自然不失爲生民之主。

一般言之，道德的原則，總是清明的原則。而一有其清明之在躬，便必有其光明被於四表。既光明被於四表，則即讓一切俱在其光明之中，而打成一片。其所出現之力，便全部是向心力。此所以得眾得國。

若夫不道德的原則，則無非是一個無明的原則。而一有其「無明」之塞體，便必有其黑暗存於四周。既黑暗存於四周，則即讓一切俱在其無明之內，而各求出路。其所出現之力，便會都是離心力。此所以失眾失國。

*　*　*　*

在一個國家的治理中，由道德的原則，落實而聯結到經濟的原則，這便是：

「有德此有人，有人此有土，有土此有財，有財此有用。」

而於此，有用則正所以「厚生」，厚生亦所以「正德」，正德又所以「利用」，故在

「正德利用厚生」上，亦正可以說：

「有用此有德。」

如此，便是一個大循環。但此一個大循環，亦正是一個大成就。由此循環無窮，而成就亦復無限。成己成能，固由於此；成家成國，亦由於此；成天成地，亦皆由於此。只不過在這裏，雖然是循環無窮，卻依舊是儘有端緒。起點一錯，落處便差，而且差之毫釐，失以千里。這須得戰戰兢兢，這須得絕不鬆弛。這就是：

「君子先愼乎德。」

總要一切從「德」這裏出發，總要一切從「德」這裏開頭。只要一切能從德這裏出發，便一切可從德這裏完成。只要一切能從德這裏開頭，便一切可從德這裏生起。於此，一生起，便是生天生地。於此，一完成，便是成聖成賢。到這裏，便不能不說道：

「德者本也。財者末也。」

朱註云：

「先愼乎德，承上文不可不謹而言。德，即所謂明德。有人，謂得眾。有土，謂得國。有國，則不患無財用矣。」

在這裏，若所謂「不患無財用」，是不患其一己之無財用，以遂其個人之私欲，這便是大惡。這由有德此有人，以至有財用，便只是一大騙局，一大陰謀，一大詐僞。便只是狐媚以取天下，便只是劫持天下。而其政權，便只是贓物。其所用以獲得政權之集團，便只是盜賊的集團。其所行之政治，亦不能不是撒旦的政治。由其無明，而使一切陷於憂悲苦惱，便必須有一地獄，以隔絕光明。故於此，德必須是明德，以其光明而去其一切之無明。而「不患無財用」，則只是不患民之無財用。那只是在國民經濟的原則下之「不患無財用」。那絕不是在國君的財政原則下之「不患無財用」。此所以須得一個人的戰戰兢兢，此所以須得一個人的絕不鬆弛。

＊　＊　＊　＊　＊

若把經濟的原則置於道德的原則之上，而不是讓一個經濟的原則，去向上承接一個道德的原則，這便是本末倒置，這便是：

「外本內末。」

外本是以道德的原則爲外，如此，道德的原則，便只能飾其外，便只是一口號，便只是一標語。那不會是以道德的原則爲出發點，那不會是以道德的原則爲原動力，於是道德的原則便無實而落空。

當道德的原則無實而落空之際，這即是精神上的無實，生命上的落空；亦即是心靈上的無實，性情上的落空。如此，一個經濟的原則，便進入其間，乘虛而至。而代替精神的，則是物質；代替生命的，則是財富；代替心靈的，則是資本；代替性情的，則是商品。這即是所謂「內末」。即以末為內。這即是以利為「首出」。而當以利為「首出庶物」之際，則民即群趨於利，而以利為唯一之目標。既以利為唯一之目標，則當其互奪此唯一之目標時，便即以利為其唯一之爭奪點。既以利為其唯一之爭奪點，則當其既得時，便必須唯利是保；當其不獲不得時，便必須唯利是圖。而此一方面的保衛，一方面的圖謀，所引起的便即是無窮而決死之爭鬥。故以經濟的原則為內，即是以經濟的原則為教，以利為教，以無窮而決死之爭鬥為教，因而亦即是以循環無已的劫奪為教。這只是教民自毀。由此而毀其天下，亦正所以毀其一己。其禍患之烈，是絕難想像的。故曰：

「外本內末，爭民施奪。」

此在朱子之註則為：

「人君以德為外，以財為內，則是爭鬥其民，而施之以劫奪之教也。蓋財者，人之所同欲，不能絜矩而欲專之，則民亦起而爭奪矣。」

財之所以為「人之所同欲」，固因財為人之生活之所資，但亦因財為人之自由之所憑藉。有政權者，「不能絜矩而欲專之」，其專之之結果，亦可由此而控制人民之生活資料，因而控制其生存，俾聽其驅使。此即所謂「帥天下以暴，而民從之」。然其從之，終是以自由爲代價而從之。當其一旦不自甘爲奴之際，則以此專之之結果而奴役天下，終亦不復能肆其奴役之技。於此，所謂「民亦起而爭奪」，則即非僅爲爭奪生活之資料，且更爲爭奪自由之憑藉。這便又使財富聯結著自由，自由又聯結著生命、心靈與人性，以及人情、人道與天理。到這裏，所謂「民亦起而爭奪」者，又一轉而爲起而爭存著一個道德的原則之歸其本位，而不復更外其本。這即是「窮則變，變則通」。這即是剝復之機，這亦即是貞下起元之理。

*　*　*　*　*

由以上窮通之道，我們可以了然於一自由的原則，如何應用。由以上剝復之機，我們可以了然於一道德的原則，如何復興。而由於以上貞下起元之理，我們亦可以了然於一政治的原則，會如下形成，此即：

「財聚則民散，財散則民聚。」

在這裏，「財聚」不僅與道德的原則成一對立；而且與自由的原則極端矛盾。而民之散，則除爲生活之資料無著而散以外，自更爲「離心」而散，更爲自由之無其憑藉而散；亦即爲「離德」而散，爲自由之失墮而散。

在這裏，「財散」，則正是一個國家的藏富於民。如此，符合了道德的原則，亦正符合了自由的原則。而民之聚，則除爲生活之資料有著而聚以外，自更爲「向心」而聚，爲「同心」而聚，並爲自由之有其憑藉而聚；此亦即爲「向德」而聚，爲「同德」而聚，並爲自由之復得而聚。

朱註稱：

「外本內末，故財聚。爭民施奪，故民散。反是，則有德而有人矣。」

如以財散乃藏富於民，實非財散而言，則財聚爲外本內末，究其實際，亦可能是一大浪費，而並非財聚。若「財聚」眞乃因民之窮，則民窮固終將導致財盡。一個國家的財政政策，終須建築在一個健全的國民經濟政策之上，於此，由民富而國富，方是眞正的國富。而僅僅是外本內末的財聚，自不足以語於此。

爭民施奪，固使民離散。然因爭民施奪之結果，反所以加速其一己政權之崩潰而言，則民散之後，即又繼以人民之重新團結，亦未始不是一個國家復興之機。此天道之所以至爲奧妙，而人亦只有安其眞常，方可以處其至變。於此，道德的原則，就是一個眞常。能安此眞常，即可一反於是，而不復「外本內末，爭民施奪」。這便是財散則民聚，有德而有人。

就一個人的語默本身而言，那是：

「言悖而出者，亦悖而入。」

於此，言之出入，亦何常之有？悖出即繼以悖入。

就一財貨的聚散本身而言，那是：

「貨悖而入者，亦悖而出。」

於此，貨之出入，亦何常之有。悖入即繼以悖出。

此據朱子之註，則為：

「悖，逆也。此以言之出入，明貨之出入也。自先慎乎德以下至此，又因財貨，以明能絜矩與不能者之得失也。」

＊　＊　＊　＊　＊

在財貨上能絜矩，就是讓國家財政與經濟的原則，一齊向上承接著道德與性情的原則。而國家財政的原則，又復建基於國民經濟的原則之上，這亦正如一般道德的原則，須建基於眞的性情的原則一樣。若在財貨上，不能絜矩，則即為反道德，反人性。而其反道德、反人性之結果，亦使其財貨之本身悖入悖出，而根本不可靠。此中之得與失，其實並不難知。惟因失其清明，陷於無明，所以難明。在此，一個人的道德心，會就是一個人的清明性。先慎乎德，即先有其清明。而治國則必須有其清明。

道德的原則，就是善的原則。在此心朗然之處，必有此心之惻然。此惻然而善，便是性情之善。此性情之善，便是性天之善。而性天之善，即聯結於天命之常。惟人之得此天命與否，全視其善與不善。此所以

「《康誥》曰：『惟命不于常！』道善則得之，不善則失之矣。」

此在朱子之註，則云：

「道，言也。因上文引文王詩之意，而申言之。其丁寧反復之意益深切矣。」

此丁寧反復之意，總不外乎要人擇善以為國。此擇善以為國，即是楚書之所云：「楚國無以為寶，惟善以為寶。」於此朱註稱：

「楚書，楚語。言不寶金玉而寶善人也。」

對一國而言，德是本，所以善人是本。財是末，所以金玉是末。只此「惟善以為寶」之言，便自置一國於一大光明之域。

若夫失國之人，其所以為寶者，更只有其一身之善，只有其一己之仁。而有此一身之善、一己之仁，則又終將能復其國。此舅犯所以說：「亡人無以為寶，仁親以為寶。」朱註稱此為：

「舅犯，晉文公舅狐偃，字子犯。亡人，文公時爲公子，出亡在外也。仁，愛也。事見〈檀弓〉。此兩節又明不外本而內末之意。」

不外本而內末，則以仁親爲內，內即有其光明。出亡在外，光明亦復相隨以至，而前途亦儘是光明。

在善的原則下，擇善是第一件善事。而容善，則更爲善中之善。蓋必能容人之善，方可大其一己之善。若反嫉人之善，則即連一己原有之善，亦復相消，故只見其小，而小則正是惡。《書經．周書．秦誓》所稱之「若有一个臣，斷斷兮，無他技，其心休休焉，其如有容焉」，這便是一大容善之相。朱註於此稱：

「斷斷，誠一之貌。」

此則惟誠惟一，始能容善。容善是一己的純化，是一己的「純亦不已」。容善是一己的簡單化，是一己的「簡單化到極點」。所以有其誠一之貌，以及其誠一之心。

惟其能容人之善，所以「人之有技，若己有之；人之彥聖，其心好之，不啻若自其口出；實能容之。以能保我子孫黎民，尚亦有利哉！」這亦正是容善以保國。朱子於此所註，則爲：

「彥，美士也。聖，通明也。尚，庶幾也。」

此以人之有技，可以貢獻於人，貢獻於國；而我之有技，亦只是貢獻於人，貢獻於國。如此予以客觀化，便當下是「若己有之」；而人之美好通明，亦即無異是己之美好通明。由此而光光相輝印，便俱在光明之中，俱在有利之下，故盡可保子孫黎民。

若於此不能「善與人同」，而容人之善，則即成其不能容善之惡。且因容善本身乃一大善，故不能容善，即爲大惡。其惡之大，正可以危及家國。故曰：

「人之有技，媢嫉以惡之；人之彥聖，而違之俾不通；寔不能容。以不能保我子孫黎民，亦曰殆哉。」

於此朱註稱：

「媢，忌也。違，拂戾也。殆，危也。」

惟容善可以兼衆善，惟兼衆善，始可以成大善。惟大善始可以保子孫黎民。而能容人之技，亦即可兼衆技以成大技，與保子孫黎民之技。但竟不能容之，且從而忌之嫉之，惡之，拂戾之，使其不通，這是喪德，亦正是喪心。這是「變態」，亦正是「病狂」。所以是危險，所以是撒旦，所以是凶人。

僅僅是善，是擇善，而不能容善，則仍不是善之客觀化。必須有其善之客觀化，方能有其仁。且只有「有其善之客觀化」的仁人，方對此等不能容善之凶人，加以擯棄，加以放逐，視之爲毫無教養者，不使其同居於「人文化成」之中國。仁人可容善，亦可恕不善，但絕不能容「不能容善」之人，絕不能恕不能容善之惡。惟其可容善，並恕不善，所以便儘能愛人，此乃大其心以愛人。惟其絕不能容不能容善之人，絕不能恕不能容善之惡，所以便儘能惡人，此乃公其心以惡人。故曰：

「惟仁人，放流之，迸諸四夷，不與同中國。此謂惟仁人爲能愛人，能惡人。」

此據朱註稱：

「迸，猶逐也。言有此媢嫉之人，妨賢而病國，則仁人必深惡而痛絕之。以其至公無私，故能得好惡之正，如此也。」

於此，不能容善，便即妨賢，妨賢便即病國。仁人以其客觀精神，爲免病國，故必對此媢嫉之人，深惡痛絕之。若於此而不深惡痛絕，即不足以顯現其客觀精神，即不足以爲仁人。

＊　＊　＊　＊

善而又能容善，這是善的一大躍進。善能容善而又能引進善類，則更是善的一大躍進。於此，承「唯仁人爲能愛人能惡人」而落實下來者，便必然是舉賢退不善。只此舉賢退不善，就是使天下歸仁，故其意義，實至爲嚴肅。「見賢而即能舉，舉而即能先」，那是一本吾心之仁，亦是此善之完全客觀化。然於此亦儘會有「見賢而不能舉，舉而不能先」。如此以違其心之仁，以阻止善之完全客觀化，便只有歸之於命，歸之於無可如何，歸之於冥冥之中有以主之者，和歸之於浩歎而已。然於此浩歎之下，亦正所以見心靈，見生命，見性情；亦正所以見治國之本。至此，自只好說：

「見賢而不能舉，舉而不能先，命也。」

然在此命也之歎中，自仍是大有事在。這便是姑求不善之退。能退不善，並能退之使遠，這亦正所以見心靈，見生命，見性情，亦正所以見治國之本。若併此亦不能做到，就只好自責，就只好自認是過，或是慢，或是怠。在存養上是過，在責任上是慢，在使命上是怠。而於此，存養就是心靈，責任就是生命，使命就是性情。因之，過是嚴重的過，慢是嚴重的慢，怠是嚴重的怠。惟其情形是嚴重的，所以其意義同樣是嚴肅的，此所以說：

「見不善而不能退，退而不能遠，過也。」

於此，朱注稱：

「若此者，知愛惡之道矣，而未能盡愛惡之道，蓋君子而未仁者。」

但其能有「命也」之歎，而又能深知其過之所在，以及其所以慢所以怠之原由，亦未始不是「能盡愛惡之道」。彼君子之未仁者，實不足以眞語於此。那只是未能眞見其心靈，見其生命，見其性情。那只是未能眞見此治國之本。

若夫「好人之所惡，惡人之所好」，便只是心靈之塞，生命之萎，性情之乖。此在國，是妖孽，是不祥，是不仁之甚。而在個人，則是變態，是顚倒，是「拂人之性」。其極必至自毀而毀國。故曰：

「菑必逮夫身。」

朱註稱：

「拂，逆也，好善而惡惡，人之性也。至於拂人之性，則不仁之甚也。自《秦誓》至此，又皆以申言好惡公私之極，以明上文所引〈南山有臺〉、節〈南山〉之意。」

有好惡之公，斯有好惡之正。有好惡之正，斯有仁心之實。不仁之人，只是無實。無實即不足以言治國。而不仁之甚，則適足以毀國，適足以亡國。

概括言之，治國會只有兩件最大的事，其一是教育文化，其二是經濟生產。教育文化乃所以使人成德，經濟生產乃所以使人生財。成德是人人成德，生財是個個生財。人人成德，則國家即眞正成一精神之實體。個個生財，則人民即確切獲其生活之物質。所謂德是本，但本亦不可虛懸。所謂財是末，但末亦不可賤視。因此之故，成德必須落實，而生財則須至理。由此以言教育文化的事業，則教育文化的事業，自然會是整個性情的事。由此以言經濟生產的事，則經濟生產的事業，自然又會是全副精神的事。

所謂君子有大道，那就是整個性情之道。所謂生財有大道，那就是全副精神之道。

此整個性情之道，乃使人人有士君子之行之道，如此便自然是：

「必忠信以得之，驕泰以失之。」

此全副精神之道，乃建立一大生產秩序，而使「有菽粟如水火，民焉有不仁」之道。如此，要必然是：

「生之者眾，食之者寡，爲之者疾，用之者舒，則財恆足矣。」

前者，在朱子之註，則爲：

「君子，以位言之。道，謂居其位而修己治人之術。發己自盡爲忠。循物無違爲信。驕者矜高；泰者侈肆。此因上所引文王、康誥之意而言。」

後者，朱子之附語云：

「此因有土有財而言，以明足國之道，在乎務本而節用，非必外本內末，而後財可聚也。」

謹按：修己治人之術，總在本其性情。性情之發，即爲發己；性情之盡，即爲盡己。於此「于穆不已」，便是「不亦忠乎」？情通於物，即爲循物；性本於天，即爲無違。於此，「純亦不已」，便是「不亦信乎」？驕者，性有所對；泰者，情有所待。於此，「有對有待」，便是「不亦小乎」？此所以「忠信以得之，驕泰以失之」。惟小故失。

務本是精神的上提，節用是精神的收斂。如此以建立一大生產之秩序，方能「有土，此有財」；如此以從事一大生命的安頓，乃是「有財，此有用」。故足國之道，正是全副精神之道。若外本內末，則財即空。否則，便是「財恆足矣」。

＊　＊　＊　＊

惟有從整個性情裏，方能見出全副精神。亦惟有從全副精神裏，方能見出整個性情。見出性情，就見出心靈；見出精神，就見出生命。如此方是所謂「發身」。而仁者則僅以「財」爲發此身之資具。這其實是利貞。

見不出整個性情，就見不出全副精神。而見不出全副精神，亦就見不出整個性情。如此便性情梏亡，而心靈堵塞；精神陷溺，而生命乾枯。其身之存，只是一物。既是一物，便是痲木不仁。而痲木不仁者，即以此物化之身，爲發此財之工具。這其實是亡身。此所以說：

「仁者以財發身，不仁者以身發財。」

朱註云：

「發，猶起也。仁者散財以得民。不仁者，亡身以殖貨。」

彼仁者利貞，故自然以財發身。彼不仁者亡身，故自然以身發財。既只以財發其身，這便又自然散財以得其民。既至以身發其財，這便更自進而亡身以殖貨。然於此，縱獲得了一個世界，而喪失一己，又果何益呢？此所以不仁者，會只是心之痲木，會只是身之不起，因之，便會只是倒下去。

實則，有整個性情，有全副精神，還怕下面不跟上來，接上來，而承上之仁，以好其義嗎？有下面之跟上來，接上來，而承上之仁，以好其義，那還怕天下國家事情做不好而不能完成嗎？如此，則所有生產建設的事情，在一大生產秩序之全般弄好，十足完成下，還怕不能足民、足國、足其府庫，而使「府庫財，非其財」嗎？

於此，一好仁，便整個是性情，全副是精神。此所以說：

「未有上好仁，而下不好義者也。未有好義，其事不終者也。未有府庫財，非其財者也。」

朱注稱：

「上好仁以愛其下，則下好義以忠其上。所以事必有終，而府庫之財，無悖出之患也。」

此則無非是一本性情之教。若上必以下忠其上而愛其下，則下亦必以上愛其下而忠其上。如此，忠是愛的代價，愛亦只是忠的代價，這更不是精神之周流，這更不是性情的接觸。無精神之周流，事必不能有始有終。而無性情之接觸，財更只有悖入悖出。

＊　＊　＊　＊　＊

《易》曰：「利貞者，性情也。」於此，貞下起元，便由元而亨。這隨乾坤之至，便即是「雷雨之動滿盈」。一切由此安排，生命由此安頓，世界由此昇平，國運由此昌盛。當下即是，人間與天國無分。一念萬年，目前與邃古同樣。在邃古之時，那是「利者，義之和也」。而在目前之世，亦正會是「義者，利之和也」。總之是：

「國不以利爲利，以義爲利。」

是故本於性情之教，凡在利之場合，總須推開一步，總須放開一步，如此以放鬆，放平，放下，便一切無事。否則，就必然會平地起著風波，晴天來個霹靂。大地由此陸沉，世界由此毀滅。生民之患，其患無他；回頭一觀，眞是簡單之極。而只要大家能簡單化一點，也就不患不能推開一步，放開一步了。孟獻子曰：

「畜馬乘，不察於雞豚。伐冰之家，不畜牛羊。百乘之家，不畜聚斂之臣。與其有聚斂之臣，寧有盜臣。」

此在朱子之註則爲：

「孟獻子，魯之賢大夫仲孫蔑也。畜馬乘，士初試爲大夫者也。伐冰之家，卿大夫以上，喪祭用冰者也。百乘之家，有采地者也。君子寧亡己之財，而不忍傷民之力。故寧有盜臣，而不畜聚斂之臣。」

君子於此，亦只是能把自己簡單化一點，所以就「寧亡己之財」。從而推開一步，這便自然會「不畜聚斂之臣」。有盜臣，那還不過是有「贓物」。而畜聚斂之臣，則全都是一堆血淋淋的事物。以此說到伐冰之家，若仍畜牛羊，則其不能簡單化，以推開一步，放開一步之處，便即是其牛羊的血迹。以此說到畜馬乘，若仍察於雞豚，則其不能簡單化，以推開一步，放開一步之處，亦即有其雞豚的血迹。

由此更說到「長國家而務財用者」，那只是務以財爲用，而失其整個性情，而失其全副精神。那只是小人導之使小，而不能推開一步，而不能放開一步。如此以主國政，即去其性情之教，以成性情之災；而其所謂國家，亦不復是一精神之實體。其爲害於天下，亦會是自然之事體。到這裏，任何人也是無如之何的。故曰：

「長國家而務財用者，必自小人矣。彼爲善之。小人之使爲國家，菑害併至，雖有善者，亦無如之何矣。」

此在朱子之註，則是：

「自，由也。言由小人導之也。此一節深明以利為利之害，而重言以結之，其丁寧之意切矣。」

所謂以利為利，便是不知利之所以為利。利之所以為利，乃在利為義之和，而義又為利之和。必由此以聯結於整個性情，由此以透露著全副精神，方是以義為利，以性情為教，以正治國，以明德明天下。

朱子於此章附語云：

「此章之義，務在與民同好惡，而不專其利。皆推廣絜矩之意也。能如是則親賢樂利，各得其所，而天下平矣。」

在這裏，各得其所，就是各正性命。各正性命，就是各歸於簡單化之途，以見其性情，見其心靈，見其精神，見其生命。如此以推開一步，便是絜矩之道之行。如此以放開一步，便是與民同好惡之實。有與民同好惡之實，便整個是性情，整個是心靈，而不以利為利。有絜矩之道之行，便整個是精神，整個是生命，而以義為利。由是而義利之分一明，則人禽之辨即顯。由是而人禽之辨一顯，則華夷之別即嚴。而天下亦終必在義利之分一明之下，歸於文明；人道亦終必在人禽之辨一顯之下，歸於大顯；世界亦終必在華夷之別一嚴之下，歸於莊嚴。到此，有一切之放平，固即爲天下之太平；而有一切之提起，則更爲太平之盛世。

在朱子〈大學章句〉之開端，載子程子之言曰：

「大學，孔氏之遺書，而初學入德之門也。於今可見古人爲學次第者，獨賴此篇之存，而論孟次之。學者必由是而學焉，則庶乎其不差矣。」

於此，所謂「初學入德之門」，實即是性情之教。惟「由是而學焉」，則成己，成物，成聖，成賢，成天，成地，成古，成今，固亦無非是性情之教。此所以是「庶乎其不差矣」。此所以是大學之道。

朱子分《大學》爲經一章，傳十章，並於書末稱：

「凡傳十章，前四章統論綱領指趣，後六章細論條目功夫。其第五章乃明善之要，第六章乃誠身之本，在初學尤爲當務之急，讀者不可以其近而忽之也。」

其所謂第五章，已是闕文。朱子取程子之意以補之，釋格物致知之義。第六章乃釋誠意。因其直從心性上說話，故「在初學者尤爲當務之急」。此雖至近，而所關至遠，儘可直透一切。是以大學之道，終成心性之學。然亦無非是性情之教。而其絜矩之道，則正所以使天地變化，草木蕃昌。

NOTE

NOTE

NOTE

NOTE

NOTE

國家圖書館出版品預行編目資料

大學講義 / 程兆熊著. -- 初版. -- 新北市：華夏出版有限公司,
2024.03
面；　　公分. - -（程兆熊作品集01；003）
ISBN 978-626-7296-50-9（平裝）
1.CST：大學（經書） 2.CST：研究考訂

121.2517　　112008294

程兆熊作品集01 003

大學講義

著　　作　程兆熊
出　　版　華夏出版有限公司
　　　　　220 新北市板橋區縣民大道 3 段 93 巷 30 弄 25 號 1 樓
　　　　　電話：02-32343788　傳眞：02-22234544
E-mail　pftwsdom@ms7.hinet.net
印　　刷　百通科技股份有限公司
　　　　　電話：02-86926066　傳眞：02-86926016
總 經 銷　貿騰發賣股份有限公司
　　　　　新北市 235 中和區立德街 136 號 6 樓
　　　　　電話：02-82275988　傳眞：02-82275989
　　　　　網址：www.namode.com
法律顧問　呂榮海律師
　　　　　103 臺北市大同區錦西街62號
　　　　　電話：02-25528919
版　　次　2024年3月初版一刷
定　　價　新臺幣 240 元　（缺頁或破損的書，請寄回更換）

ISBN-13：978-626-7296-50-9

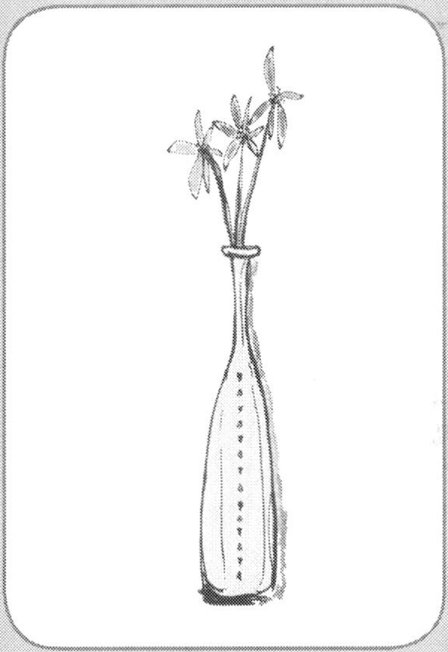